Ilustração: Antonio Henrique Amaral

Teatro de Animação

Ana Maria Amaral

Teatro de Animação

Da Teoria à Prática

Ateliê Editorial

Copyright © 1997 by Ana Maria Amaral

Direitos reservados e protegidos pela Lei 9.610 de 19.02.1998.
É proibida a reprodução total ou parcial sem autorização,
por escrito, da editora.

1ª edição – 1997
2ª edição – 2002
3ª edição – 2007

Dados Internacionais de Catalogação na Publicação (CIP)
(Câmara Brasileira do Livro, SP, Brasil)

Amaral, Ana Maria
Teatro de animação: da teoria à prática / Ana
Maria Amaral. – 3. ed. – Cotia, SP: Ateliê
Editorial, 2007.

Bibliografia.
ISBN 85-85851-25-2

1. Máscaras (Teatro) 2. Marionetes 3. Teatro –
História e crítica I. Título.

06-4392   CDD-792.028

Índices para catálogo sistemático:
1. Máscaras e objetos: Representação teatral
792.028
2. Objetos e máscaras: Representação teatral
792.028

Direitos reservados à
ATELIÊ EDITORIAL
Estrada da Aldeia de Carapicuíba, 897
06709-300 – Cotia – SP – Brasil
Telefax (11) 4612-9666
www.atelie.com.br
atelieeditorial@terra.com.br

Printed in Brazil 2007
Foi feito depósito legal

SUMÁRIO

Em Torno da Ânima – A Animação *9*
   Edelcio Mostaço
Introdução *15*

I. Reflexões *19*
   Teatro de Animação *21*
   Entre o Real e o Não Real: Considerações sobre a
     Estética do Boneco *25*
   Comunicação, Arte e Tecnologia no Teatro de Ani-
     mação *41*
   Tradição e Teatro – Ritos e Mitos *53*
   A Máscara *63*
   O Boneco na Mira do Futuro: Considerações sobre
     a Formação Profissional do Bonequeiro *67*

II. Experimentações Postas em Cena *77*
   O Objeto: Do Sensorial ao Místico *79*

Uma Experiência com Formas: Processos para Concepção de um Roteiro *93*
O Incorpóreo em Cena *111*

EM TORNO DA ÂNIMA – A ANIMAÇÃO

Os escritos aqui apresentados por Ana Maria Amaral – professora da ECA-USP e encenadora de formas animadas – irão surpreender o leitor habituado seja à fruição seja à realização do teatro convencional. Entenda-se por *convencional* todos os modos e procedimentos, do passado ou da contemporaneidade, regidos pelos princípios técnicos e artísticos consagrados pelo racionalismo e seu sustentáculo mais proeminente: o texto dramático.

De longa data Ana Maria dedica-se à confecção e manipulação de bonecos, tendo iniciado suas atividades em bibliotecas infanto-juvenis de São Paulo para propiciar aos freqüentadores instigantes alternativas que os levassem à leitura. Tendo-se radicado em Nova Iorque para uma longa estadia, trabalhou na Biblioteca das Nações Unidas e encontrou no Bread and Puppet, à época um grupo inquieto e renovador dos padrões da cena contemporânea, incentivo para aprofundar e radicalizar sua atuação junto ao nascente teatro de animação.

TEATRO DE ANIMAÇÃO

Ao voltar ao Brasil, em meados da década de 70, ela criou o grupo experimental O Casulo, com o qual montou dois espetáculos exemplares: *Fantoches e Fantolixos*, contemplado com o troféu Mambembinho, e *Palomares*, que também levou os prêmios Mambembe e Governador do Estado. Eram espetáculos que exploravam variados tipos de bonecos, objetos, luzes e sonoridades, destinados a conformarem um inesperado universo poético.

Integrante do Comitê Executivo da União Internacional de Marionetistas, a autora esteve presente nos primeiros anos 80 em diversos projetos que alicerçaram e ampliaram o campo de atuação do teatro de formas animadas em muitos países. Em Charleville-Mézières, cidade do interior da França que sedia a mais importante organização de marionetistas de todo o mundo, Ana Maria esteve por diversas vezes participando ativamente da difusão destas novas tendências.

Já integrada à ECA-USP, sua tese de doutoramento veio a transformar-se no mais completo levantamento realizado em língua portuguesa sobre a interconexão das formas animadas, suprindo uma lacuna intelectual há muito registrada. Dois espetáculos nascidos de sua prática pedagógica condensam e amplificam seu atual estágio de investigações: *A Coisa – Vibrações Luz do Objeto Imagem*, surgido da colaboração com artistas plásticos, realizado em 1990 e que terminou sua carreira de apresentações em Teerã, após bem-sucedido circuito nacional e internacional; e *Babel – Formas e Transformações*, de 1992, onde a recorrência ao tema mítico alicerçava uma decidida estruturação pós-modernista.

Dentre os diversos objetos carregados numa cesta para o culto de Dioniso, à época em que os mistérios ainda não se encontravam inteiramente assimilados pela *polis*, um curioso boneco de engonço se sobressaía: miniaturizado, articulado e rusticamente entalhado em madeira esse arremedo da divindade permitia fosse externalizada sua mais notória particularidade – ele saltava.

Tò katá phusin pêdân, sempre pronto a pular, a saltar, como registram as crônicas de então, Dioniso materializava para o grego arcaico a mais poderosa energia que habita todos os seres vivos: a capacidade reprodutora, seminal, capaz de engendrar outra vida e responsável pela continuidade das espécies. Daquele primitivo *authomata* às máquinas cibernéticas que infestam hoje em dia todas as mídias, a função dissimulada de cada um deles parece ser a mesma: a de maravilhar, criando através da reverberação imaginária uma ponte de interligação na zona de fronteira entre a alma e o corpo.

Assunto filosófico dos mais complexos, há um vitalismo, em suas diversas acepções, percorrendo esta confluência, que veio a encontrar na psicanálise um ancoradouro abrangente, quando da elaboração do conceito de *imagem corporal*. Esta noção, apoiada que está no esquema corporal subjacente a todos os indivíduos de um grupo humano homogêneo, é a representação inconsciente de seu desejo individualizado, expresso com vivacidade nas experiências desfrutadas, especialmente marcantes junto à senso-percepção. Sons, cores, plasticidades diversas, sombreamentos e iluminações estimulam a mente a uma síntese orgânica de reconhecimento – familiar ou estranho – que se efetua pela mediação da linguagem, como metafórico labor da imagem corporal. O teatro de formas animadas, se percebido nesta perspectiva, vem sendo utilizado como um palco destinado a fazer confluir para seu interior não apenas as expressões volitivas de seus cultores como, numa mítica retomada do autômato dionisíaco, os secretos volteios de suas pulsões, carregadas de viscosidade desejante.

É por isso que o que há de "infantil" no teatro de bonecos, de máscaras e de objetos – as três modalidades cênicas que alimentam como raízes o teatro de formas animadas – solicita ser entendido como a pluralidade de potencialidades que a criança reúne em seus primeiros anos de vida antes de iniciar suas especializações libidinais e, neste processo, ir inapelavelmente adormecendo ou fechando parcelas desativadas de sua psique. O palco da animação pode fazer voltar, então, com a energia exacerbada pela concentração, uma imensa quantidade de estímulos dirigidos ao despertar de nossa percepção e imaginação; induzindo experiências sensórias que muitas vezes julgávamos esquecidas ou superadas.

Aquela disponibilidade para saltar, pular, subir e descer remete diretamente para a fonte da vitalidade, à potencialidade pulsional emaranhada no corpo, manifestando-se na pluralidade de atividades lúdicas e sublimativas que vamos formando ao longo da vida. Após o *Homo faber*, que multiplicou os bens materiais e aprendeu a técnica de suas manipulações, sucede o *Homo ludens*, o irrequieto histrião que trazemos dentro do peito que divertindo-se com tudo isso pode projetar uma existência mais livre, menos dependente da subsistência, mais aberta ao jogo que satisfaça sua ânsia de desejos.

Historicamente o teatro de animação pode ser considerado uma manifestação recentíssima dentro do universo cênico, elaborado como conceito nos primeiros anos 80; embora suas raízes alonguem-se até os primórdios da civilização. Foi esse teatro que, com suas provocativas criações, colocou em xeque as antigas convenções do teatro estabele-

EM TORNO DA ÂNIMA

cido. Saturado pelo psicologismo, mimetismo, verossimilhança e linearidade do antigo teatro o público foi aderindo às inovações, reconhecendo nesta nova sensibilidade expressiva algo mais próximo de sua maneira de ver e sentir o mundo que o cerca, marcado pela simultaneidade, fragmentação, imagética e simbolização crescentes de uma cultura erigida em gigantescos centros urbanos.

Nos ensaios que se seguem o leitor encontrará fértil e diversificado material consagrado à reflexão originada por tais experiências. Entrará em contato com as dúvidas, preocupações e sínteses afortunadas de uma autora que pode ensinar muito sobre este debruçamento sobre um modo novo de produzir, executar e pensar o teatro, espraiando horizontes dados como explorados ou incidindo inovadora óptica em questões tornadas obsoletas pela mesmice e repetição.

Com seu jeito de menina inquieta, Ana Maria Amaral nos transmite a sensação de laborar uma eterna busca no baú de brinquedos guardado no sótão; que, não fortuitamente, é o arquétipo da caixa de Pandora. Um manancial quase inesgotável de cores, odores, transparências, sonoridades, angulações, plasticidades, luzes e sombras que se volatizam ao contato com o ar, efêmeros acontecimentos destinados aos sentidos e à memória primeva de cada um, cujo centro emissor é a velha e tão imorredoura esperança; esperança de uma vida humana menos rude, mais poética, mais lúdica.

Este livro é um convite à imaginação de fazer teatro.

EDELCIO MOSTAÇO

Introdução

Este trabalho pretende levantar reflexões sobre o Teatro de Animação – um gênero teatral que inclui bonecos, máscaras, objetos, formas ou sombras, representando o homem, o animal ou idéias abstratas.

A representação icônica do homem, e o uso de objetos simbólicos, fizeram sempre parte de rituais sagrados. Rituais esses que, com o tempo, se dessacralizaram e foram se transformando em espetáculos mais ligados à música e à dança, acompanhados por recitativos. Máscaras e bonecos eram elementos fundamentais dessas manifestações.

No Ocidente, o teatro teve sempre como modelo o teatro grego, que, por sua vez, sofreu influências da civilização egípcia. E no Egito, antes do palco, a cena acontecia no altar, onde imagens inanimadas de deuses contracenavam com os sacerdotes. Aos poucos essas imagens foram sendo substituídas por oficiantes, mesclando-se aí o papel de intermediário, deus e personagem. O ator-sacerdote assumia então a impassibilidade escultural das imagens e os seus movimentos eram limitados e controlados.

TEATRO DE ANIMAÇÃO

No Oriente, antes do ator se colocar, ao vivo, na cena, eram usadas figuras inanimadas – a princípio projetadas em sombra, depois em terceira dimensão, manipuladas por fios e varas. Durante séculos, em todas as manifestações teatrais da Europa, os atores usavam máscaras, sendo muito difundido também o teatro de bonecos. Mas, à medida que o teatro se torna mais literário e racional, os bonecos e a máscara praticamente desaparecem. Por mais de trezentos anos, o texto predomina. No final do século XIX porém, por influência do movimento simbolista, e mais tarde do surrealismo, a expressão artística cada vez mais se torna visual e abstrata. "Teatro não é literatura", disse Edward Gordon Craig, enfatizando a ação, o símbolo e o gesto como elementos essenciais do teatro. Nessa corrente estão Jarry, Maeterlinck, Artaud; e, mais recentemente, Tadeusz Kantor, Bob Wilson, Peter Schumann, Peter Brook, e o Théâtre du Soleil. O conceito de ator também tem sofrido transformações. O próprio Grotowski que, em sua fase inicial, coloca o ator como parte essencial do drama, em sua fase atual, esse mesmo "ator" aparece como que "marionetizado".

Marionete, boneco, figura, objeto ou forma. Qualquer que seja sua nomenclatura, estamos falando de um teatro onde o inanimado é personagem central. Assim, Teatro de Bonecos é um termo insuficiente para abranger todas as manifestações que se pretende expressar, isto é, não apenas a representação do quotidiano humano, mas também idéias simbolicamente colocadas através de objetos e formas abstratas. Daí o nome: Teatro de Animação. Teatro esse que, ultimamente, tem se desenvolvido extraordinariamente. Sente-se porém que existe uma grande defasagem teórica a esse respeito. E, seja no intuito do fazer teatral, seja no intuito do falar sobre, é fundamental ter-se conhecimentos básicos so-

INTRODUÇÃO

bre sua história e sobre a sua situação dentro do panorama teatral contemporâneo. Portanto, é importante que se comece a levantar certas considerações estéticas; que se reflita ou se procure analisar o porquê e o como de algumas propostas mais experimentais. Sem isso, não só os grupos atuantes ficam sem referências e sem possibilidades de uma auto-avaliação, como também os críticos não têm possibilidades de discernir e julgar as tão variadas propostas que esse tipo de teatro apresenta. Em geral esses espetáculos – pela falta de parâmetros – ou são ignorados pela crítica *especializada* ou são por ela apresentados sempre como inusitados.

O livro aqui proposto está dividido em duas partes.

Na primeira parte são apresentados diferentes conceitos desse gênero teatral, mais conhecido como um teatro onde o cômico e o grotesco predominam, sendo ainda poucas as manifestações mais ligadas ao poético e ao sutil.

São levantadas também considerações sobre o boneco no teatro e na mídia, ou o boneco e suas relações com a tecnologia.

Em outro capítulo busca-se traçar um paralelo entre teatro e tradição, mitos e ritos. O homem ao buscar suas origens defronta-se com o sagrado, uma emoção possível de ser expressa apenas através de conceitos abstratos. Daí a necessidade de uma comunicação através de objeto-símbolos. O teatro abstrato é um tipo de teatro onde predominam imagens não claramente decifráveis, mas que satisfazem plenamente os nossos mais secretos desejos metafísicos.

São também abordados aqui alguns aspectos do trabalho do ator no teatro de bonecos e no teatro de máscaras. Ou seja, enquanto o ator em máscara está ligado ao seu próprio corpo, o ator-manipulador distancia-se do personagem/boneco que interpreta. O gestual de um e outro é também distinto. O boneco com seus movimentos rápidos e leves apresenta quase sempre um gestual distorcido e solto, já os movimentos da máscara são mais lentos e comedidos.

Na segunda parte, temos relatos de experiência e reflexões teóricas a partir de processos de trabalho. As montagens escolhidas são montagens experimentais onde os protagonistas são objetos, formas ou simples sombras incorpóreas.

Numa arte em que o diálogo e a crítica estão ausentes, este livro é uma tentativa de comunicação.

I
REFLEXÕES

TEATRO DE ANIMAÇÃO

Teatro de Animação trata do inanimado, por isso poderia ser também chamado de teatro do inanimado.

O que é o Teatro do Inanimado?

Teatro do Inanimado é um teatro onde o foco de atenção é dirigido para um objeto inanimado e não para o ser vivo/ator.

Objeto é toda e qualquer matéria inerte. Em cena representa o homem, idéias abstratas, conceitos.

Inanimado é tudo aquilo que convive com o homem, mas é destituído de volição e de movimento racional. Ao receber energia do ator, através de movimentos, cria-se na matéria a ilusão de vida, e, aparentemente, passa-se a ter a impressão de ter ela adquirido vontade própria, raciocínio.

Todo ser vivo tem um centro pensante e um centro de equilíbrio. A qualquer objeto pode-se transferir vida, desde que num ponto qualquer de sua estrutura material, se localize um seu suposto centro pensante. O objeto assim simula pensar, sentir, querer, deduzir.

TEATRO DE ANIMAÇÃO

Todo corpo tem um ponto de equilíbrio. O corpo humano tem um eixo mental e físico (cérebro e espinha dorsal) e tem membros (pernas, mãos, braços) através dos quais age e inter-age. Ao receber energia do ator, o objeto material também recebe um eixo central e membros, ou extensões, com os quais atua e se comunica.

Animar um objeto é deixar-se refletir nele, disse Mássimo Schuster. Boneco/objeto animado não é senão energia refletida do ator-manipulador. O que confere vida emotiva e racional ao objeto animado, durante o ato teatral, é a presença direta e atuante do ator sobre esse objeto.

Existe uma distinção entre o personagem apresentado pelo ator-vivo e o personagem-boneco.

O ator confunde a sua própria imagem com a imagem do personagem. O ator encarna o personagem. O ator é visto. Já enquanto ator-manipulador, a sua imagem não é vista. Ou, quando é vista, quando na cena o ator-manipulador está visível, sua imagem deve ser uma imagem neutra, nunca a imagem do personagem propriamente. No Teatro de Animação a imagem do personagem é sempre diferente da imagem do ator-manipulador. Todo objeto animado, quando bem manipulado, neutraliza a presença do ator.

Como disse Émile Copferman, o ator *é*. O ator existe, tem vida. Em cena, representa ser outro, mas conserva sempre a memória de si, e quase sempre trai o personagem, pois ele *não é o personagem*. Já o boneco *não é*, isto é, não existe, não tem vida própria, mas *é o personagem*, o tempo todo[1].

Para Otakar Zich existem duas maneiras de se perceber um personagem animado. Ou melhor, existem dois tipos de

1. Émile Copferman, "Une Singulière Ethnie", *Théâtre Public*, set. 1980.

TEATRO DE ANIMAÇÃO

Teatro de Animação: um teatro em que os personagens são vistos apenas como objetos, isto é, sem vida; e um teatro em que os personagens são vistos como dotados de vida[2]. No primeiro caso, predominando a percepção de sua materialidade, não os levamos a sério. Ao tentarem imitar a realidade tornam-se grotescos. Despertam o riso. Já no segundo caso, a percepção de vida é mais importante do que a percepção das características materiais do objeto ou do boneco animado. Tornam-se assim enigmáticos, são mistério, estranheza. Vão além da realidade. Despertam o poético.

Também Meyerhold via dois tipos de teatro de bonecos: um teatro em que o diretor pretende que os seus bonecos se assemelhem o mais possível ao homem, e um teatro em que o diretor não pretende reproduzir a realidade. Na tentativa de copiar o humano, os bonecos ficam apenas cômicos. Meyerhold observa ainda que, se o que se pretende é reproduzir a realidade, por que usar bonecos e não atores vivos de uma vez? Deve-se usar bonecos apenas quando o que se pretende é apresentar peculiaridades do boneco enquanto boneco mesmo, salientando seus movimentos, sua forma, explorando suas metáforas, sem distorcer sua natureza.

Nestas considerações sobre o teatro de bonecos, Meyerhold faz um paralelo com o teatro de ator. Assim como não se deve fazer do boneco uma simples réplica do homem, e, sim, fazer com que o boneco expresse plenamente suas características de não-realidade ou fantasia, assim também o ator não deve copiar a realidade como tal, mas deve criar, dentro da linguagem teatral, algo além dessa realidade usan-

---

2. Otakar Zich, "The Puppet Theatre", artigo publicado em 1923 e comentado por H. Jurkowski em artigo intitulado, "Transcodification of the Sign Systems of Puppetry", *Semiotica Journal*, 1983.

TEATRO DE ANIMAÇÃO

do para isso uma linguagem não naturalista. Teatro não é vida. E quanto menos real mais próximo da essência que se pretende representar.

Existem portanto dois tipos de Teatro de Animação. Um teatro cômico, caricato; e um teatro poético, mais na esfera de idéias simbólicas.

O importante, ao se tentar dar vida ao inanimado, é ressaltar as peculiaridades intrínsecas da materialidade com que todo objeto é feito.

Teatro é esse encontro entre realidade e irrealidade. Irrealidade se intui. Realidade é o que se vê em cena, é tudo que ali está, e o que se vê e está em cena são elementos materiais. A matéria em si, em toda a sua realidade, ao mesmo tempo que toca o nosso consciente racional, provoca apelos ao nosso inconsciente e desperta em nós outros níveis, anímicos. Em cena, é magia.

Animar o inanimado é transpor um limiar.

Bibliografia

ASCH, Leslee. "The Theatrical Inanimate. Theatrical Inanimate: a Conference on Changing Perceptions of Puppetry". New York, Jim Henson Foundation, Sept. 1992.

BATY, G. & CHAVANCE, R. *Histoire des Marionettes*. Paris, Presses Universitaires de France, 1972.

BOGATYREV, Petr. "The Interconnection of Two Similar Semiotic Systems: the Puppet Theater and the Theater of Living Actors". *Semiotica Journal*. Vol. 47, 1983.

COPFERMAN, Émile. "Une Singulière Ethnie", *Théâtre Public*. Set. 1980.

JAPELLE, Hubert. "L'interpretation du Mouvement", *Théâtre Public*. Set. 1980.

JURKOWSKI, Henryk. "Transcodification of the Signs Systems of Puppetry". *Semiotica Journal*. Vol. 47, 1983.

ENTRE O REAL E O NÃO-REAL: CONSIDERAÇÕES SOBRE A ESTÉTICA DO BONECO

I. O BONECO NO TEATRO

Sobre a Abrangência da Palavra Boneco e sua Especificidade

O que se subentende pela palavra boneco?

Ao procurarmos responder a esta questão, reportamo-nos ao que Frank Proschan chama de *performing objects*, incluindo não só bonecos, como também máscaras, objetos, formas ou toda e qualquer figura icônica[1]. Usando suas próprias palavras, *performing objects* "são imagens concretas do homem, do animal ou de espíritos criados, apresentados ou manipulados em narrativas ou espetáculos dramáticos"[2].

---

1. *Performing objects* não são objetos cênicos, nem objetos animados, seu significado é mais abrangente. Inclui figuras antropomórficas e zoomórficas, objetos, imagens, apresentados no Teatro de Animação e/ou Teatro de Formas Animadas.

2. Frank Proschan, "The Semiotic Study of Puppets, Masks and Performing Objects", *Semiotica*, vol. 47, 1983.

TEATRO DE ANIMAÇÃO

Frank Proschan ainda vai além com esta sua abrangente definição, ao explicar que, nestas representações, não se pretende ser realista, ou não se buscam, um mínimo que seja, semelhanças concretas entre o ser vivo/animado que se quer representar e a imagem cênica apresentada.

E qual seria a especificidade do boneco?

A especificidade do boneco está no seu não-realismo.

Sobre o teatro

Ainda que se constitua um gênero à parte, o teatro de bonecos tem muita relação com o teatro de atores. Existem aproximações.

A origem do teatro está ligada a manifestações rituais em que o foco de atenção não era o ator, mas figuras totêmicas, máscaras e objetos vários, estes quase sempre sagrados. Somente aos poucos a figura humana foi tomando parte da cena, mas nem por isso excluíram-se dela os *performing objects*, os objetos e bonecos. Disse John Bell:

> A técnica teatral de usar objetos em cena sempre foi uma característica dos assim chamados espetáculos das culturas inferiores da Europa, e a posição hierárquica das tradições consideradas superiores nos cegou, não nos deixando ver claro que esse fenômeno de teatro com objetos e/ou bonecos é, e sempre foi, um fenômeno global – é a linguagem original do teatro multicultural ou intercultural[3].

O drama racional com diálogos e atores realistas, tal como o conhecemos hoje em dia, é um fenômeno recente na

---

3. J. Bell, "Theater of the 20th Century, as Theater of Performing Objects", *The Theatrical Inanimate: a Conference on Changing Perceptions*. New York, Sept. 11-12, 1992.

ENTRE O REAL E O NÃO-REAL...

história do teatro, "não tem mais do que trezentos anos".
Disse J. Bell: "O teatro nem sempre foi realista".

O período racionalista do teatro inicia-se com o palco
italiano, ou seja, com o uso da perspectiva. Coincide com a
construção de salas especiais para espetáculos. É o período
dos palcos organizados com tetos que possibilitavam a colo-
cação de cenários super-realistas. Os espetáculos então as-
sombravam com nuvens e trovões, chuvas que caíam e anjos
que voavam. Esse super-realismo cênico particularmente
ocorria em grandes produções, como por exemplo a ópera,
onde era menor a concentração no drama e no desempenho
do ator.

Ocidente e Oriente

O período racionalista, realista ou ilusionista do teatro é
uma característica do Ocidente. Começou a decair no final
do século XIX. As inovações colocadas por Alfred Jarry apenas proporcionaram a organização de uma série de idéias
que então se configuravam, principalmente por influências
do teatro oriental e da arte africana, que começavam a ser
sentidas. Surgem os simbolistas. A máscara retorna. O movimento futurista provoca uma série de reformulações que
acabam determinando, entre outras, a recolocação do objeto
em cena. A Escola da Bauhaus organiza a cena centrada no
espaço e na forma. O Teatro do Absurdo e o construtivismo
usam bonecos ou, literalmente, objetos como símbolos cênicos. No teatro de Kantor, eles são fundamentais e se equipa-
ram aos atores. E, para Brecht, era importante que o público
se mantivesse sempre consciente entre o real e o não-real;
Brecht explora a não-ilusão. O seu teatro pretende também

TEATRO DE ANIMAÇÃO

despertar o racional, mas não através do realismo, ou da sensibilidade emotiva ou hipnótica da ilusão total.

Com o teatro moderno, o teatro italiano é revisto e modificado. A separação do público é eliminada, pois o palco distante é um fator de mistificação. Começa a se desenvolver um movimento antiilusionista no teatro. Sente-se uma necessidade maior de ligação com o público, tentando-se muitas vezes integrá-lo ao espetáculo.

O real e o não-real

Muitas dessas tentativas de aproximação, porém, não foram – ou não são – ainda bem aceitas. Há um embaraço quando se sente a aproximação do personagem. Sem preparação nenhuma, o público está em desvantagem com relação ao ator, que tem algo já planejado, ensaiado, e está diante de uma situação previamente preparada. O que uma pessoa sente na platéia é o equivalente a um choque. É o confronto do real com o não-real. O ator, figura de ficção, está distanciado da situação real da platéia. Ele investe com uma couraça que esconde e defende o homem real que é.

O palco é uma linha divisória entre o público e os atores, pessoas fictícias. Como disse Richard Southern, ao se tentar romper essa barreira desperta-se no público um embaraço, pois é difícil, na ausência de uma preparação prévia, sair de uma confortável passividade, defendida no escuro e no anonimato da platéia. O ator, em seu personagem, é uma máscara[4].

4. R. Southern, *The Seven Ages of the Theatre*, New York, Hill & Wang, 1961.

ENTRE O REAL E O NÃO-REAL...

E máscara total é o boneco que, não sendo real (e a platéia sabe que é de madeira, pano ou papel), é mais bem aceito nesse jogo do real com o não-real. Ainda mais quando os seus manipuladores estão ocultos, ou, se visíveis, quando sabem ser suficientemente neutros.

Interessante observar a evolução do espaço cênico. Nessa sua trajetória, vemos semelhanças entre o palco do ator e o do boneco.

Assim como o teatro se afastou do proscênio e avançou em direção ao público, movimento semelhante aconteceu quando o teatro de bonecos se liberou dos biombos. Os manipuladores abandonaram seus redutos fechados, os palquinhos, para atuarem também em cena aberta.

O teatro de bonecos mostra, hoje, tendência de fugir do ilusionismo exagerado em que por muito tempo se encerrara, ao querer copiar o teatro de ator.

No teatro de luva, "os biombos não têm a função de criar uma ilusão total, mas apenas parcial"[5]. O palco fechado do teatro de bonecos tem como função esconder os mecanismos que criam a ilusão. Nada mais. Onde talvez persista ainda uma preocupação ilusória maior é no teatro de marionetes (bonecos controlados por fios). Não por seus manipuladores, visíveis ou invisíveis, mas pelo realismo das figuras ou das situações dramáticas, por demais imitativas.

Mas, de uma maneira geral, o teatro de bonecos, por essência, é anti-realista. A ilusão da realidade que nele se busca é muito mais em relação aos mecanismos de manipulação do que em relação às situações que se colocam. É como um jogo com presenças visíveis e invisíveis; ou seja, atores, ora

5. R. Paska, "Notes on Puppet Primitives and the Future of an Illusion", *The Language of the Puppet*, s. l., Pacific Puppetry Center, s. d.

TEATRO DE ANIMAÇÃO

visíveis, ora invisíveis, apresentam personagens humanos concretos e personagens representando espíritos[6].

No *bunraku* os dramas humanos são mostrados em ilusão teatral, mantendo sempre um certo distanciamento. O manipulador é tão visível quanto os personagens que apresenta, mas sua presença é neutra, como se estivesse ausente. E os seus personagens, ainda que aparentemente realistas, não se inserem em contextos realistas.

Neste tipo de teatro cada elemento é mostrado separadamente: a música, ou seja, os músicos; a literatura, ou seja, o texto e o seu narrador; o personagem e os seus manipuladores, o rosto do boneco e o rosto do seu manipulador-mestre[7].

É ainda no Oriente que vemos existir, ao mesmo tempo, um público visível e não-visível. Em Java, um *dalang* não considera que está se apresentando apenas para o público que se vê, de carne e osso, que respira, aplaude, chora, mas ele atua para os espíritos, que crê estarem também ali presentes.

No Oriente, tanto o teatro como o teatro de bonecos sempre mantiveram clara uma linha anti-realista.

No Ocidente, durante algum tempo, o teatro também se expressou nesse nível, entremeando seus atores com bonecos, máscaras, objetos e formas simbólicas, até o momento em que enveredou por um exagerado realismo. Nessa onda, o teatro de bonecos, deslumbrado, seguiu as pegadas dos

6. No *bunraku* o ator/manipulador deve, antes de mais nada, aprender a ser invisível. Ele tem que aprender a andar de acordo com a música e com o ritmo das palavras recitadas e, ao mesmo tempo, não deixar que se perceba sua presença. Totalmente presente, deve saber fazer-se ausente.

7. H. Jurkowski, "Transcodification of the Sign Systems of Puppetry", *Semiotica*, vol. 47, 1983. Número especial.

atores, buscando técnicas e temas realistas. Vemos aí o principal fator de seu declínio. Esse pretenso teatro miniaturizado, cultivado pela elite e por literatos e intelectuais, ao se afastar de suas características essenciais, por mais sério que tenha sido, foi sendo esquecido e, aos poucos, relegado a mero divertimento de crianças. Enquanto lazer infantil, ele se afirma, porque aí suas características de fantasia e não-realismo se mantêm.

O teatro de bonecos: dois enfoques

Novamente gostaria de lembrar Frank Proschan, que insiste em analisar o teatro de bonecos em si, isto é, em seu próprio sistema. Segundo F. Proschan, um adulto vê um boneco como cômico, enquanto as crianças, mais ingênuas ou desprovidas de conceitos, o percebem em seu significado real.

Também Bogatyrev destaca dois tipos de teatro de bonecos:

1. o que busca copiar o realismo, seja através da imagem, do movimento ou da voz, e assim substituir o homem pelo boneco, resultando daí figuras grotescas, caricatas, cômicas;

2. o que não busca formas realistas e, ao enfatizar o aspecto material da forma, mais se aproxima da essência daquilo que pretende representar, pois quanto menos peculiar, mais abrangente, despertando maior curiosidade.

No primeiro caso, busca-se criar fielmente a realidade e a conseqüência é uma grotesca caricatura.

No segundo caso, como não se pretende copiar totalmente a realidade e o que se coloca em cena é um não-real

TEATRO DE ANIMAÇÃO

(ou o real abstratamente interpretado), cria-se imediatamente um impacto e tem-se a impressão de se ter um ser vivo no palco.

São infinitas as nuances, mas existe um limite que deve ser respeitado. Em lugar de tentar ultrapassar esse limite, é melhor substituir o boneco por um ator, da mesma forma que não se deve insistir em se fazer do ator um boneco ou um objeto.

Real e não-real – sinais da nossa contemporaneidade

Entre o real e o não-real defronta-se a modernidade. Vivemos hoje muito mais de imagens e de representações não-corpóreas do que de presenças reais.

O teatro de bonecos, como o teatro de ator, está passando por transformações diretamente ligadas à nossa vivência individual e social. Elas têm, no nosso subconsciente, um sentido profundo, que talvez só a nossa intuição nos permita perceber.

A mídia e a tecnologia possuem armas poderosas capazes de nos fazer levitar, de nos ajudar a romper as barreiras do real, desde que não se insista em delas se utilizar para simplesmente copiar o cotidiano. O importante é que, através do teatro e dos bonecos, consiga-se transcender a realidade temporal.

As transformações que hoje acontecem no teatro de bonecos acontecem não apenas por influências do Oriente, conforme já colocado, mas também, e principalmente, pelos constantes avanços da tecnologia. Um processo ao qual estamos sujeitos diariamente.

ENTRE O REAL E O NÃO-REAL...

II. O BONECO NA MÍDIA

A tecnologia

O boneco atua não apenas no teatro, mas também no cinema, na TV, no vídeo. E qual seria a diferença dessas suas aparições, ao vivo e na mídia?

No teatro existe a presença física do ator. E no teatro de bonecos, além da presença física do ator-manipulador, existe também o boneco, com sua estrutura material[8]. E na mídia o que temos são apenas imagens, tanto do ator como do boneco.

A tecnologia nos abriu muitas possibilidades, com isso, provocou muitas mudanças. Mas são mudanças mais a nível técnico e formal, porque a essência das coisas, essa a tecnologia não muda. E seja no teatro, ou na mídia, a especificidade do boneco continua sendo a mesma.

De uma forma geral, a tecnologia trouxe para a arte incríveis vantagens, acompanhadas de iguais desvantagens. A luz elétrica, por exemplo, nos proporcionou uma nova maneira de ver as coisas, nos deu uma perspectiva diferente dos objetos: profundidade, sombras, imagens novas e bizarras. Nos tornou mais sensíveis às coisas em si. E quanto aos

---

8. O ator, por ser vivo, tem em si mesmo forte energia. A matéria também tem energia, ainda que diferentemente, isto é, não tem um movimento aparente, mas existe um movimento contínuo em suas moléculas, que não se vêem, mas se percebem: vibrações emitidas pela cor, forma, textura, sons etc. Para captarmos o que os objetos têm a nos dizer, precisamos manter um contato físico com eles. E para transmitirmos suas energias precisamos de um tempo diferente do ritmo e do tempo usado na TV ou no vídeo. Um tempo mais lento, o tempo natural, próximo da respiração. Mais propício à reflexão.

objetos, graças aos avanços da indústria, esses proliferaram e invadiram-nos de tal forma que são, hoje, parte fundamental de nossa existência, comparsas dos nossos dramas ou comédias diárias. A tecnologia industrial invadiu e modificou nosso cotidiano. Impossível não perceber o que as coisas e objetos, diariamente, nos gritam em termos de formas, cores, funções.

A luz, ao mesmo tempo que amplia a cena, ressalta detalhes antes não perceptíveis. Mas ao mesmo tempo que a luz aproxima ela também coloca uma distância entre o palco e o público.

O som faz calar muitas vozes, substituindo textos, antes muito longos, para fazer da música parte integrante da dramaturgia. E os microfones, aproximando os personagens, mudou muitas das características dos espetáculos tradicionais. O som gravado e a facilidade de se transportar os cada vez mais miniaturizados aparelhos afastaram a música ao vivo dos espetáculos populares.

A tecnologia trouxe vantagens e provocou impactos. Deu-nos o cinema, a TV, o vídeo[9].

Com as inovações tecnológicas, o teatro se modifica. O realismo que nele se pretendia encontrou sua expressão maior na TV e no cinema, que oferecem muito mais recursos técnicos. Aos poucos, o teatro foi enveredando por outros caminhos. Atualmente, teatro e cinema são duas artes bem distintas.

---

9. Incluímos o vídeo com a TV, independentemente de ser ele vinculado à TV comercial ou às produções institucionais, promocionais etc., porque, pelos aspectos aqui focalizados, suas características não se diferenciam do exposto sobre a TV. Fazemos exceção, porém, à vídeo-arte.

ENTRE O REAL E O NÃO-REAL...

O boneco na mídia – vantagens e desvantagens

Assim como o realismo do teatro se transferiu para o cinema, o realismo do teatro de bonecos também parece estar se transferindo para as suas atuações na mídia. Mas aí também, pelas mesmas dificuldades, no teatro como na mídia, o boneco tem problemas. A princípio, deslumbra pela ilusória semelhança com o ator e as possibilidades de se ocultar o manipulador ou os mecanismos de controle do boneco. Mas, depois nota-se que ele é apenas uma entre outras figuras animadas: robôs, máquinas-simulacros, máscaras e brinquedos.

O boneco na TV, no vídeo[10] e no cinema, na maior parte das vezes, surge em representações antropomórficas, bem realistas. A tecnologia favorece um desvario ilusório.

Como vantagem, a mídia deu ao boneco um melhor *status* e lhe trouxe uma grande popularidade. A TV atinge um público maior. Mas os seus conteúdos se achataram. O que nela se produz é de discutível qualidade, justamente por esse alargamento de audiência. Sendo o público de TV um público indiscriminado, tudo se nivela pelo geral.

Na tela, a imagem do boneco se amplia. A TV e o cinema favorecem uma intimidade maior com a imagem, mas ao mesmo tempo destrói a intimidade com o público. A técnica nos dá uma imagem melhor, mas essa imagem, não sendo real (por mais realista que aparente ser), faz com que o boneco se distancie e perca o contato com a platéia.

No teatro, assiste-se a um processo de criação; cada apresentação é diferente, criando-se assim uma expectativa, como o andar de um trapezista sobre a corda bamba. Na

10. Ver nota anterior.

mídia, assiste-se a um produto final, que não muda e não transmite a mesma emoção.

O bonequeiro e a mídia

No afã de se chegar a um máximo de ilusão, constantemente estão se buscando novas técnicas. Entre estas, a manipulação por controle remoto. Porém, pela vertiginosa evolução da tecnologia, essa técnica já está quase ultrapassada.

Têm-se notícias, agora, de um tipo de boneco, usado no processo de realidade virtual. Com essa técnica, é possível a contracena de imagens, mesmo que não compartilhem o mesmo espaço.

Também réplicas de vida (humana ou animal) estão sendo construídas, com possibilidades de se reproduzirem por si mesmas. "Sexo" no inanimado? Vida artificial?[11]

Há uma série de avanços ocorrendo na mídia e, em meio a eles, os bonequeiros não parecem estar participando

---

11. Sobre a "vida artificial", foi publicado recentemente o livro de Steven Levy, *The Quest for a New Creation*, em que ele nos fala de *máquinas que pensam* ou alguma coisa além de uma simples animação de vídeo. São computadores capazes de se reproduzirem por si mesmos, criando vida artificial. Máquinas que fazem não apenas o que para elas se programou, mas também *o inesperado*. Algo próximo ao boneco, mas além do que estamos acostumados a controlar.

A origem dos bonecos está nesse fascínio, que sempre dominou o homem, de se ver representado, ainda que não necessariamente de maneira realista. Algo que lhe dê a sensação de se ver refletido, seja na água, seja em sua própria sombra, em figuras esculpidas, em bonecos ou em autômatos, na fotografia, em filme ou vídeo. Já se disse que os autômatos de ontem são os computadores de hoje. E, entre todos esses simulacros, o boneco animado do teatro de bonecos é o que mais exerce fascínio, porque, além da imagem, leva voz e movimento.

ENTRE O REAL E O NÃO-REAL...

nem na confecção, nem na manipulação. O que se busca, antes de tudo, são os técnicos. E os bonequeiros, exímios na arte de dar vida ao inanimado, são substituídos por especialistas em operação de máquinas. Alguma coisa nos escapa? Corre adiante dos nossos olhos? Ou amplia-se por todos os lados?

A mídia e o teatro de bonecos contemporâneo

Os avanços da tecnologia, sempre em contínuo processo, por sua vez redundam numa série de transformações para o teatro e para o teatro de bonecos, o que nos leva a refletir sobre as características de um e de outro, suas especificidades, suas essências.

Assim como o teatro hoje tende por caminhos mais abstratos, imagéticos e simbólicos, também o teatro de bonecos vem sofrendo profundas transformações.

Estas transformações, porém, não parecem estar sendo percebidas ou aceitas por grande parte dos grupos brasileiros. Pelo menos é essa a impressão que se tem, ao assistir aos nossos festivais, onde a maioria dos espetáculos permanecem no mesmo teor que os apresentados há dez ou trinta anos. Continua-se nostalgicamente na mesma linha, com muito pouca pesquisa. E, com pesquisa, não quero me referir a técnicas de construção de bonecos, que muitas vezes pode até ter um sentido retrógrado. Fica-se facilmente deslumbrado com qualquer descoberta técnica, talvez pela possibilidade de aproximação com a mídia, que exige características muito realistas. Mas o que se consegue de novo em termos de linguagem? Ou em termos da arte e da estética do boneco?

Poder-se-ia, talvez, dizer que existem duas tendências: a dos que persistem em seguir o caminho ilusionista e realista de um teatro decadente ou o caminho do realismo vigente na TV e no cinema; e a dos que enveredam para pesquisas e buscas de uma linguagem nova, que, intuitivamente, está sendo criada.

Nesta segunda tendência, ou neste último grupo, ocorre o que Roman Paska chama de liberação do "mimetismo". De acordo com Paska, o teatro de objetos e de formas é um movimento que expressa a vontade de liberar o boneco desse mimetismo.

"O teatro de objetos é a mais importante reação ao exagerado realismo que alguns insistem em preservar." No teatro de objetos, a figura humana é totalmente desmistificada.

Louvo a tecnologia pelas possibilidades que levanta sobre a materialidade das coisas, em particular, e da nossa vida, em geral. A mídia nos faz ver detalhes que antes não percebíamos. E a comunicação, que através dela se veicula, coloca-nos numa frenética intimidade com os acontecimentos do mundo. É fascinante! Faz-nos ver melhor o mundo e as pessoas que nos rodeiam. Um mundo que vemos e não percebemos. Um mundo real e não-real. A tecnologia é paradoxal e conflitiva. A mídia pode ser ótima mas ruim o mau uso que se faz dela. Precisamos ficar atentos para não utilizarmos o novo de maneira velha.

Em resumo, é preocupante a insistência de um rançoso realismo, tanto no teatro de bonecos como nos bonecos apresentados na mídia.

A reflexão

Importante é repensar sobre a essência desta nossa arte e não desperdiçarmos as oportunidades que se nos abrem. É preciso nos achegarmos ao novo com perspectivas novas, sabendo distinguir entre o pragmático e os nossos compromissos enquanto artistas. É verdade que ainda estamos numa época em que imperam as grandes corporações controladoras do mercado da imagem. Mas, a cada dia que passa, a imagem torna-se cada vez mais domínio público e, logo, muitos terão acesso a ela. Por isso, é tempo de se começar a pensar de maneira mais independente, considerando antes de tudo a estética desta expressão que escolhemos ser a nossa: a arte do boneco.

Bibliografia

BELL, J. "Theater of the 20th Century, as Theater of the Performing Objects". *The Theatrical Inanimate: A Conference on Changing Perceptions. Conference Papers.* New York, J. Henson Foundation, Sept. 11-12, 1992.

JURKOWSKI, H. "Transcodification of the Sign Systems of Puppetry". *Semiotica.* International Association for Semiotic Studies, vol. 47, 1983. (Número Especial)

KOMINS, L. R. & Levenson, M. (ed.). *The Language of the Puppets.* Vancouver, Pacific P. Center, s.d.

LEVY, Stephen. *The Quest for a New Creation.* New York, Pantheon, 1992.

PASKA, R. "Notes on Puppet Primitives and the Future of an Illusion". *The Language of the Puppet.* s. l., Pacific Puppetry Center, s.d.

POUNDSTONE, William. "Artificial Life: The Quest for a New Creation. *New York Times.* Book Review, Sept 6, 1992.

PROSCHAN, F. "The Semiotic Study of Puppets, Masks and Performing Objects". *Semiotica.* International Association for Semiotic Studies, vol. 47, 1983. (Número Especial)

SEMIÓTICA: International Association for Semiotic Studies, vol. 47, 1983. (Número Especial)

TEATRO DE ANIMAÇÃO

SOUTHERN, N. R. *The Seven Ages of the Theatre*. New York, Hill & Wang, 1961.

"THE THEATRICAL Inanimate Conference: A Conference on Changing Perceptions, 1992". *Conference Papers*. New York, Jim Henson Foundation, 1992.

COMUNICAÇÃO, ARTE E TECNOLOGIA NO TEATRO DE ANIMAÇÃO

Comunicação e Tecnologia

Comunicação é o ato de se emitir idéias através de métodos convencionados. Ela pode ser verbal e não verbal. Signos e símbolos são emitidos através de palavras (escritas ou faladas), através de objetos, imagens ou aparelhagens técnicas. E, numa época caracterizada por possuir uma cultura preponderantemente visual, ressalta-se a importância do Teatro de Animação, como linguagem apropriadamente contemporânea.

A comunicação se processa tanto no plano social e pessoal (teatro, literatura, arte em geral), como num plano mais amplo, através da comunicação em massa (jornal, rádio, cinema, TV). Em ambos os níveis, o processo de comunicação depende de técnicas, seja a técnica de que toda arte é feita, seja de outros instrumentais, mais complicados. Em nossos dias, é impossível dissociar comunicação e tecnologia, pois, atualmente, a comunicação é o resultado de um processo altamente técnico.

TEATRO DE ANIMAÇÃO

Arte e Técnica

A palavra técnica vem do termo grego *techne*, e se refere a toda e qualquer atividade produtiva, inclusive arte. Na Grécia não se fazia nenhuma distinção entre arte e técnica. Esse conceito perdurou muito tempo, pelo menos até a Renascença. Para Leonardo da Vinci, diz-nos Arlindo Machado, pintar um quadro ou estudar geometria era uma mesma atividade intelectual; e para o filósofo Francis Bacon, e seus contemporâneos, "a figura do inventor se sobrepõe à do sábio iluminado, e a máquina é o modelo conceitual para explicar e representar o universo físico natural"[1]. A arte, segundo o mesmo autor, reflete sempre o nível de avanço da tecnologia do seu tempo. Existe uma linguagem comum entre a linguagem do cientista e a do artista, e sempre houve uma forte influência da ciência sobre a cultura[2].

A separação entre arte e tecnologia é posterior à Renascença. O conceito de que a técnica é objetiva e reflete a ordem, e de que a arte é subjetiva e reflete o caos, não coincide com o que pensam sobre a arte outros pensadores e artistas. Se a arte, em sua nascença, é acaso e é desordem, ao se expressar, ao se objetivar, necessariamente, ela se ordena. "Arte é antítese do *pandemonium*", dizia Craig ao pretender substituir o ator, de temperamento instável e egocêntrico, por figuras inanimadas, mais previsíveis e despersonalizadas[3].

Ser objetivo, ordenado e previsível não é atributo só da ciência. Arte também tem suas leis e suas regras. Um escul-

1. Arlindo Machado, *Máquina e Imaginário*, São Paulo, Edusp, 1993.
2. *Idem*.
3. Edward Gordon Craig, *On the Art of the Theatre*, New York, Theatre Arts Books, 1956.

tor, ao esculpir suas peças, depende das leis e das regras impostas pelo material que tem em suas mãos, como o encenador depende das leis do espaço e dos avanços tecnológicos das maquinarias teatrais, da iluminação e da sonoplastia.

Se às vezes a técnica aparenta permanecer mais no plano operacional, nem por isso se pode reduzi-la a mero instrumento, mas deve-se lembrar que ela também nos remete a conteúdos. A luz, por exemplo, reforça e até cria um personagem. E muitas vezes, em certas produções cênicas, a técnica é que confere emoção ao texto. Por exemplo, numa montagem de *A Metamorfose*, de Kafka, a tecnologia tem tudo a acrescentar[4].

A técnica também pertence ao plano estético e poético.

Bonecos, Autômatos, Imagens e Máquinas

Em todos os tempos e culturas, o homem sempre buscou reproduzir sua imagem, seja através de simulacros estáticos (em barro, madeira, metal, pintura ou fotografia) seja através de simulacros em movimento (figuras bidimensionais do teatro de sombras, bonecos tridimensionais, autômatos, *robots*, ou através de imagens criadas através das técnicas cinematográficas, TV, vídeo, ou computador).

O boneco é síntese do homem tanto quanto a máquina é a exteriorização das faculdades humanas. Uma marionete movida por fios ou um boneco mecânico, ambos pretendem exteriorizar atributos do homem.

4. Franco Brambilla, "Tecnología y Poética", *Puck*, n. 2 (Rev. do Inst. Int. da Marionete). Artigo em que o autor comenta o espetáculo *Dopo il copo de scopa*, baseado na *Metamorfose* de Kafka.

TEATRO DE ANIMAÇÃO

No início do século XIX, Heinrik von Kleist colocou em discussão a idéia de que a marionete reflete as mais elementares leis cinéticas do universo. O teatro de bonecos despertou seu interesse justamente por seu mecanismo, mais do que por seus aspectos estético-visuais, sociais ou psicológicos[5].

Essa mecanicidade do boneco foi o que atraiu diretores e pensadores românticos. Ainda que alguns vissem na precisão de movimentos dos bonecos e dos autômatos apenas um estímulo dirigido aos sentidos, não ao espírito, outros viam nessa mecanicidade um paralelismo da mecanicidade do ator, que, segundo alguns, é condição ideal para induzi-lo a uma maior interioridade.

Para os românticos, os autômatos e as marionetes tinham a mesma significação que a de uma máquina. E convém lembrar que a máquina, para eles, pertencia ao universo poético, e tanto a máquina como os bonecos foram, por eles, extensamente usados como metáforas da existência humana. O automatismo estava também relacionado ao automatismo da nossa inconsciência.

A Máquina, os Futuristas e Nós

Também entre os futuristas, o conceito de boneco e máquina se confundia. Para os futuristas a máquina tinha um sentido positivo de força e élan vital. Segundo eles, o personagem-homem/ator, no teatro, deveria ser substituído pela matéria, pois nada melhor do que o concreto para re-

---

5. H. von Kleist, "Sobre o Teatro de Marionetes", *Comunicações e Artes*, n. 2. Trad. de Ianchelli Ghinzberg, 1970, ECA/USP.

COMUNICAÇÃO, ARTE E TECNOLOGIA...

presentar o abstrato. Para isso os futuristas utilizaram-se, largamente, de imagens, bonecos, máscaras e objetos. O Teatro Sintético Futurista apresenta uma estética mecânica. Não foi à toa que muitos dos seus artistas se aproximaram do Teatro Piccoli di Podrecca, pois viam no boneco a síntese de suas idéias[6].

A Escola da Bauhaus, com sua geometria espacial e seus manequins em volição, vai influenciar uma série de artistas cuja obra se torna mais notória a partir dos anos 50 ou 60. Entre esses, o polonês Tadeusz Kantor, um dos mais importantes diretores de nosso tempo. As figuras mecânicas de Kantor são peças fundamentais de sua poética.

Na década de 50, mais ligado ao movimento e à arte cinética, encontramos Harry Kramer e o seu teatro mecânico, onde ele mostra "estados sucessivos de movimento". Kramer, em seu teatro, não nos conta propriamente uma história, mas ele nos apresenta a poesia da precisão. Assiste-se aí ao movimento.

Mais recentemente, Dennis Pondruel, engenheiro e marionetista francês, criou as *máquinas teatrais*.

O teatro, para Pondruel, é antes de tudo transformação. As suas histórias são analogias que ele apresenta a partir de objetos e máquinas que ele mesmo cria. Os seus personagens-máquinas são de diferentes tipos: há os personagens-máquinas tipo relógio, onde não se vê a máquina, a engrenagem não é mostrada, apenas os ponteiros testemunham a transformação do tempo. Há também o personagem-máqui-

6. G. Balla apresentou, em 1914, o espetáculo *Máquina Tipográfica*, uma peça cujos personagens eram bailarinos com gestos rígidos, exatamente como bonecos geométricos; e, em 1919, apresentou *O Pequeno Teatro de Bonecos Dinâmicos, com Cenários Móveis*.

na tipo bomba, cuja transformação redunda em sua auto-destruição, e nesse personagem o processo de sua transformação é explícito. Um exemplo de personagem-máquina bomba pode ser um giz. Pondruel tem uma cena em que um giz apaixonado por uma lousa, ao tocá-la, se destrói, e assim se transforma em signo. Para o seu espetáculo *El Cid*, ele usa as suas máquinas-lingüísticas, um sistema mecânico cujos movimentos provocam um diálogo, criando uma relação entre as diferentes peças da mesma máquina. O diálogo é conseqüência de uma programação onde cada peça tem sua evolução. Quando o movimento de uma termina provoca o movimento seguinte. Pondruel fala por metáforas. Ainda em *El Cid*, na cena em que Rodrigo, representado por um enorme gancho, vai às Cruzadas, depois que se despede da amada Chimenes, o gancho é colocado em trilhos por enorme guindaste (o destino), e assim ele sai de cena.

Seja a máquina um personagem, ou seja a máquina um sistema para se operar e manipular personagens, hoje em dia, não sentimos – nem pela máquina, nem por seus mecanismos – qualquer deslumbramento. A nossa atitude diante da máquina é muito mais a de entrosamento.

Sistemas de Controle e a Fusão da Técnica com a Arte

As fronteiras entre ciência e arte estão cada vez mais desaparecendo. As artes cinéticas, a vídeo-arte, a música eletrônica são exemplos.

No teatro de bonecos busca-se aliar a tecnologia ao corpo vivo do ator-manipulador. É o que acontece em *animatronics*, uma nova técnica na qual os manipuladores usam um

COMUNICAÇÃO, ARTE E TECNOLOGIA...

sistema de controle remoto com captadores eletrônicos acoplados às imagens ou aos bonecos.

A tecnologia no teatro de bonecos acontece enquanto técnica de construção e enquanto técnica de manipulação. Na verdade as duas coisas vêm sempre juntas. Como disse George Speaight, "Construir um boneco é colocar nele dispositivos com os quais ele será depois animado". Esses dispositivos podem ser muito simples, como uma vareta ou como um pescoço bem ajustado; como podem ser mecanismos de controle mais complexos, que vão desde o ancestral controle por fios, aos controles feitos através de cálculos matemáticos de computadores.

Mas, ao invés de tentar adentrar em tecnologias contemporâneas, com as quais não temos nenhuma familiaridade, vamos regredir no tempo e verificar que afinal as coisas não mudaram tanto.

Muitos séculos antes desta nossa era, a técnica de manipulação era segredo de poucos.

No Antigo Egito só aos sacerdotes era dado o poder de manipular imagens, um artifício feito através de fios ocultos, vedados aos olhos do público. Na China, conta a tradição, existiu, no século X a.C., um certo mestre Yan, capaz de fazer figuras tão perfeitas que uma vez ao se apresentar diante do sultão, despertou sua ira porque um de seus personagens piscou para uma de suas concubinas. Enciumado o sultão mandou matá-lo. Diante dessa ameaça, mestre Yan revelou o segredo do mecanismo que havia inventado para

TEATRO DE ANIMAÇÃO

dar vida aos seus bonecos: um sistema mecânico, em que utilizava fios internos, invisíveis.

No Japão, já no século V a.C., tem-se notícias de bonecos que desfilavam nas ruas sobre carros[7]. Eram verdadeiros *robots*, que atraíam o espanto e a admiração do povo que não podia perceber que debaixo dessas figuras, sob o carro, existiam manipuladores trabalhando, secretamente.

O sistema de controle de manipulação através de fios invisíveis foi desenvolvido também na Europa, séculos mais tarde. Charles Magnin, historiador francês, nos conta que havia um grupo de artistas italianos capaz de mover figuras humanas de 4 a 5 pés de altura, sem que, aparentemente, existisse ao seu redor ninguém que as controlasse. Essas figuras falavam, andavam e atuavam tão perfeitamente que pareciam criaturas vivas. É também conhecida a história da família Briocché (Briocci, na Itália) que certa vez teve um de seus membros perseguido pela Inquisição, acusado de magia e de ligação com o diabo, tal o domínio que mantinha sobre as suas figuras.

Como se vê, a habilidade técnica de controle não é um atributo de nossa época, sempre existiu, ao longo da história do teatro. Os movimentos que bonecos ou imagens hoje conseguem executar, por controle remoto, ou por procedimentos algorítmicos de computadores, antes, com outros meios mais simples, também conseguiam deslumbrar.

---

7. Informação dada por G. Speaight em sua palestra *Hidden Controls.* Varsóvia, 1991. "Present Trends", *Research of the World of Puppetry Conference*.

COMUNICAÇÃO, ARTE E TECNOLOGIA...

O que devemos deixar claro é que a magia que os simulacros do ser humano despertam, por mais perfeitos que sejam, se não vierem acompanhados de um forte conteúdo emocional, toda a técnica, neles colocada, cai no vazio. Mesmo que os movimentos sejam perfeitos, a cópia só é convincente se por trás dela existir um sentido humano. Existe uma diferença entre movimento mecânico e movimento intencional. Um bom ator-manipulador é aquele que imprime às figuras algo mais do que o simples movimento mecânico.

Importante é distinguir mecanismo, artesania e virtuosismo. O artista virtuoso é aquele capaz de criar situações novas e imprevisíveis, é aquele capaz de extrair do mecanismo algo mais do que ele pode dar. Quando isso acontece, acontece a fusão entre arte e tecnologia[8].

Claro que para isso o artista precisa lutar contra muitas dificuldades, mas são essas dificuldades que fazem o *frisson* de um espetáculo e fazem do técnico, um artista. Depois de vencido *o como*, o artista deve colocar *o quê*. Algo mais do que a simples aparência.

A máquina em si é boa[9]. A máquina em si é positiva porque ela é sempre a materialização de uma idéia. Mas é preciso acrescentar-lhe algo mais, para que não se torne negativa ou monótona. E esse algo mais seria o humano, a emoção que perturba quando a fusão da máquina (a engrenagem, ou parte material do boneco) se funde com a vida ilusória do personagem.

---

8. Por exemplo, as interferências que June Nam Paik cria nos aparelhos de TV, deformando imagens e criando outras, inesperadas; isto é, interpretando dentro de um sistema fixo dado.

9. E quando dizemos *máquina* queremos nos referir tanto a um boneco bem construído como a qualquer mecanismo técnico usado.

Teatro de Animação

Conclusão

A comunicação em nossos dias – independente da linguagem que se utilize, das técnicas ou das maquinarias – parece ter perdido a força. Na enxurrada de notícias e informações que se sucedem e nos atropelam, tornamo-nos insensíveis. No processo de globalização em que estamos submersos, tudo se dilui. Num mundo de perpétuas e repentinas mudanças as transformações sociais perderam impacto dramático pois já fazem parte do cenário cotidiano. Nossa relação com o tempo e com o espaço mudou. Estamos carentes de proximidades, confidências e mistérios, comunicações mais intimistas e silenciosas. No teatro fascinam as cenas sutis, só cabíveis em pequenos auditórios, com objetos e simulacros falando através da incógnita dos símbolos, sintética e condensadamente.

Bibliografia

BOIE, B. *L'Homme et ses Symulacres*. Paris, Corti, 1979.

BRAMBILLA, F. "Tecnología y Poética". *Puck*, n. 2 (Rev. Inst. Int. de la Marionnette).

CRAIG, Edward Gordon. *On the Art of the Theatre*. New York, Theatre Arts Books, 1956.

KLEIST, H. von. "Sobre o Teatro de Marionetes", *Comunicações e Artes*, n. 2, ECA/USP, 1970.

LISTA, G. "El Espacio Marionetisado o el Teatro-Máquina del Futurismo". *Puck*, n. 1 (Rev. Inst. Int. de la Marionnette).

MACHADO, Arlindo. *Máquina e Imaginário*. São Paulo, Edusp, 1993.

METKEN, G. "Entre la Marioneta y la Máquina". *Puck*, n. 2 (Rev. Inst. Int. Marionnette).

COMUNICAÇÃO, ARTE E TECNOLOGIA...

NORMA, S. J. "Du Virtuel à l'Hybride, le Montreur et son Ombre Électronique". *Puck*, n. 4 (Rev. Inst. Int. Marionnette).

PONDRUEL, D. "La Bomba y el Reloj". *Puck*, n. 2 (Inst. Int. Marionnette).

SILVESTRI, F. "Retorno al Teatro Mecanico de Muñecos". *Puck*, n. 2 (Rev. Inst. Int. Marionnette).

SPEAIGHT, George. *Hidden Controls*. "Present Trends" *in Research of the World of the World of Puppetry*. Varsovie, UNIMA-Poland, 1992.

Tradição e Teatro – Ritos e Mitos

Teatro e tradição se interligam como os ritos aos mitos.

Ritos são cerimônias que o homem, desde os seus primórdios, realiza para captar e reverenciar deuses, espíritos da natureza ou de antepassados.

O mito é a busca do passado e a tradição é o registro desse passado. Buscar as origens é buscar explicações da vida e do universo. Os mitos, ao contar a história de uma comunidade, mantêm vivas as suas memórias, as trajetórias das gerações anteriores: histórias de heróis e bandidos, deuses e demônios. Provocam a volta ao passado. E, "o simples ato de narrá-las é já, em si, um retorno", disse Mircea Eliade. Segundo ele, nesse processo de volta, alguma coisa, em nós adormecida, ressurge. É como se no começo existisse um elemento estranho, diferente de nós mesmos, que o homem enigmaticamente percebe. No início, diz Eliade, acontece o encontro com o Sagrado[1]. Voltar ao passado é intuir a exis-

---

1. Mircea Eliade, *Imagens e Símbolos*, São Paulo, Martins Fontes, 1991.

TEATRO DE ANIMAÇÃO

tência de alguma coisa anterior a nós, que, imponderavelmente, nos atrai. Segundo Eliade, estamos diante de dois mitos muito fortes: o mito da origem e o mito do retorno[2]. Os mitos são conceitos que o homem inconscientemente adquire e expressa através de palavras, como também através de imagens. Não se comunicam apenas através das narrativas, mas também através de figuras, através de "qualquer unidade ou síntese significativa"[3]. Expressam idéias e conceitos materializados em palavras, sons ou imagens. Símbolos.

À medida que a sociedade foi se transformando, as cerimônias rituais também sofreram modificações. Assim surgem os grandes festivais religiosos. É o início do teatro. Os espetáculos podem ter tomado características diferentes das cerimônias religiosas mas os temas míticos, esses persistem no teatro épico, depois nas tragédias, nas lendas e no imaginário do povo.

Na história do teatro de bonecos – tanto no teatro de sombras, como no teatro com bonecos de vara ou luva – os temas estão sempre ligados à tradição, ao passado, aos deuses, ao sagrado. Durante muitos séculos o boneco aparece ligado ao teatro épico, um teatro simbólico, visual, poético-narrativo.

O teatro épico trata do passado. Passado é o que foi. Podemos rememorá-lo, reproduzi-lo, mas em nada podemos modificá-lo. É rígido como um objeto, como os próprios símbolos que a tradição se utiliza. E o homem, colocando-se no passado, também assim se vê, rígido. O boneco, como objeto que é, usado no tempo pretérito, é mais que perfeito,

2. M. Eliade, *idem*.
3. Barthes, 1975. *Apud* J. Julian Morente, *Malic*, n. 3, Barcelona, 1995.

54

TRADIÇÃO E TEATRO

e ideal para re-apresentar ações já realizadas, hoje imóveis. Anatol Rosenfeld, ao falar das qualidades ilustrativas do boneco, apropriadas para o teatro épico, assim se expressou:

> O sujeito, projetando-se no passado, vê-se como um objeto e o passado reveste esse objeto de uma rigidez semelhante à rigidez do boneco, já que nessa dimensão temporal nada pode ser modificado[4].

Falar do passado é trazer sua memória, representá-lo é imitá-lo, e, para isso, nada melhor do que o boneco: imitação da imitação.

Como os rituais, o teatro épico, ao tratar dos heróis e das sagas de um determinado grupo, perpetua seu passado e reforça a sua unidade e o sentimento grupal. Daí a importância que toda comunidade ou país atribui às suas tradições.

Mas, manter as tradições, em outros tempos, era muito mais fácil. As comunidades viviam mais fechadas em si, isoladas umas das outras, não havendo entre elas a comunicação que existe hoje.

Hoje a situação é outra. O contato com outras culturas e outras realidades é constante, tanto sob o ponto de vista cultural como econômico e étnico. E quanto mais afluentes os grupos, regiões ou países, maior o intercâmbio entre eles. À medida que o poder econômico aumenta, as culturas ficam mais susceptíveis umas às outras. À medida que uma sociedade enriquece sucede o enfraquecimento de suas tradições. Influencia e é influenciada.

Nas Américas em geral, o passado importa pouco. E no Brasil em particular, ao contrário dos outros países da América espanhola (onde foi encontrada uma forte civilização – a

---

4. Anatol Rosenfeld, *O Teatro Épico,* São Paulo, Perspectiva, 1985, p. 112.

TEATRO DE ANIMAÇÃO

dos maias e dos astecas), quase não temos tradições[5]. Nossa tradição é hoje uma mistura da cultura portuguesa, africana, e de outros colonizadores, franceses, holandeses; somando-se, mais recentemente, a imigração italiana, alemã, japonesa, com árabes e judeus; sem falar nas influências culturais americanas. Nessa mistura étnica, em meio a grandes diferenças sociais, galicismos da linguagem, a prepotência da TV, a nossa única força é o presente. Num presente em ebulição, nosso tempo é o futuro. O novo é o que importa. O passado, entre nós, é ignorado. Por vivermos sob um processo contínuo e dinâmico de constantes influências e mudanças, somos, como diz o dito popular, "um povo sem memória".

Exceções existem apenas em certas regiões economicamente menos favorecidas, onde as comunidades ainda permanecem isoladas, mais fechadas em si mesmas e portanto fiéis a algumas tradições. No Norte e Nordeste do Brasil existe uma cultura mais genuinamente brasileira, e que ainda assim se mantém.

É nessas regiões que percebemos a existência de um teatro de bonecos tradicional, com uma temática própria e um diversificado elenco de tipos humanos[6]. Aí os bonequeiros são quase sempre pessoas humildes de uma faixa muito carente da população.

---

5. Os poucos índios que aqui viviam foram rapidamente dizimados pelo barbarismo da colonização européia.
6. Peter Brook levanta o problema do enfraquecimento dos tradicionais tipos humanos, que nas condições atuais da vida urbana já não se manifestam tão claramente. Os grandes centros urbanos são um fator de uniformização dos "tipos", antes tão peculiares nos lugarejos, e representados depois no teatro. P. Brook, *Ponto de Mudança,* Rio de Janeiro, Civilização Brasileira, 1994.

TRADIÇÃO E TEATRO

Isso não acontece só no Brasil, de uma maneira geral, o teatro de bonecos tradicional parece estar ligado às regiões economicamente mais pobres, onde a oportunidade de empregos é quase inexistente e as influências do mundo contemporâneo são raramente notadas. E se ocorre desses artistas adquirirem um melhor *status*, as suas apresentações vão aos poucos perdendo as suas características tradicionais *mais puras*. O som ao vivo, por exemplo, é imediatamente substituído por gravadores; bonecos de plástico industrializados são usados em lugar dos bonecos rudimentarmente esculpidos em madeira; novos materiais, como espuma, são adotados na cópia de bonecos vistos na TV. Os bonequeiros populares são pessoas de profissões indefinidas (lavradores, marceneiros, pedreiros), quase sempre sem empregos fixos – mas, se adquirem alguma estabilidade profissional, as suas atividades artísticas são relegadas, pois o teatro, definitivamente, não lhes garante a sobrevivência. O teatro tradicional de bonecos desperta um interesse relativo, restringe-se a uma pequena porção da população. Na maior parte de nosso país, é desconhecido. Mantém-se principalmente pela curiosidade e incentivos que recebe de alguns pesquisadores.

Em outras regiões mais desenvolvidas do país, no Sul e nos grandes centros urbanos, as influências de outras culturas e outros países são sentidas mais fortemente. Prepondera uma cultura muito heterogênea. As experiências que mais atraem a juventude são as que partem do zero, do novo, do nunca antes experimentado. Nosso verdadeiro teatro de bonecos é muito diversificado, apresenta um aglomerado de tendências contemporâneas.

TEATRO DE ANIMAÇÃO

Como ligar então essa nossa realidade e a necessidade fundamental do homem de retornar ao passado, às suas origens míticas?

É preciso ressaltar que, em nossos dias, ao tratarmos de teatro, de uma maneira genérica, é impossível separá-lo do vídeo, e da TV. Ainda que diferentes e com diferentes linguagens são artes da representação. Na verdade, o vídeo e a TV estão muito mais próximos do povo.

O boneco tradicional representa algo real, um tipo que existe. Já os personagens, as figuras criadas para as telas, não existem, não são reais, são apenas virtuais, simulam existir. O boneco artesanal, de madeira, barro ou papelão, atrai menos que as figuras que simplesmente simulam ser, que na realidade não são, não existem ou são apenas resultado de cálculos matemáticos. Esses seres, ou figuras, exercem sobre os jovens um fascínio mítico ou um fascínio *inconscientemente metafísico*.

Roberto Wild[7] observou que o boneco tradicional ocupa um espaço físico determinado. Para ser visto precisa de um palco e de luz incindindo sobre ele. Já as figuras de vídeo não precisam nem de espaço determinado e nem de luz. O seu espaço é qualquer espaço. Basta acionar um controle e as imagens aparecem por ondas energéticas invisíveis. Ao contrário do boneco, para serem vistas não precisam de luz incidindo sobre elas, pois as imagens, elas mesmas, são constituídas de luz[8]. As figuras criadas por computador não são re-apresentações de nada, surgem pela primeira vez na tela. Mas a sua temática, essa continua baseada nos velhos mitos,

---

7. Roberto Wild, *Teatro de Bonecos na Era do Virtual*. Trabalho apresentado no curso de pós-graduação da ECA/USP: *Estruturas Dramáticas do Teatro de Bonecos*, ministrado pela autora do artigo.

8. R. Wild, *op. cit.*

TRADIÇÃO E TEATRO

diferente apenas na aparência ou nos artifícios de sua técnica. Movidas a fio, luva, por controle remoto ou por cálculos matemáticos, sua essência é a mesma. Se o conteúdo de figuras artificialmente criadas é o mesmo, a forma através da qual esse conteúdo se expressa é diferente, vai além. Ao contrário do naturalismo da TV, e ao contrário do teatro realista, uma reação já se fez sentir tanto no teatro de vanguarda como no cinema/arte e na vídeo-arte. Cada vez mais se usa uma linguagem fantástica e abstrata. O teatro contemporâneo cada vez mais coloca suas idéias sinteticamente, usando para isso formas ou símbolos.

A arte abstrata, por sua capacidade de síntese, detona e acusa um outro tipo de existência, pois não fala da realidade cotidiana mas de uma realidade que nos antecede e ultrapassa[9]. Os *happenings* e as *performances* apresentam ações enigmáticas, são imagens alucinatórias que nada têm a ver com o naturalismo realista do dia-a-dia.

Quando nos defrontamos com a perspectiva de outro tipo de existência, a sensação que temos é a de estarmos diante de algo estranho, numinoso, imponderável como a intuição do Sagrado, que, de acordo com Eliade, está presente na origem de tudo. Portanto, é como se estivéssemos percorrendo hoje, por outros meios, o mesmo caminho. O caminho do retorno e do passado, perceptível nos conceitos da arte abstrata. Na verdade o que o homem procura na arte, na religião, ou em suas explicações sobre a vida é a sua origem. Conscientemente, ou não, essa é uma busca metafísica. O que os mitos nos tentam dizer, o que durante muitos

9. Sobre esse assunto existe um artigo de E. T. Kirby, "The Mask: Abstract Theatre, Primitive and Modern", *Theatre Drama Review*, Sept. 1972.

TEATRO DE ANIMAÇÃO

séculos o homem procurou não perder, através da memória coletiva, não é senão esse desejo de retorno ao Absoluto. O caminho pode ser a preservação do passado, pode ser a linguagem dos símbolos ou narrativas míticas, como pode ser simples apresentação de formas geométricas, imagens artesanalmente criadas pelo homem ou inventadas por artifícios matemáticos.

Vemos desenvolver-se, cada vez mais, um teatro experimental falando através de formas e objetos, concepções cênicas só possíveis com personagens não-humanos, ou protagonistas que não pretendem copiar o natural do homem. Formas e objetos, quando colocados fora de seu contexto e numa situação dramática, provocam estranhos *insights*. Um objeto qualquer de uso funcional, em cena, adquire um valor estranho e absoluto. Pode não se referir diretamente a deuses ou forças cósmicas, mas existe uma energia que exala da própria matéria. Sensações de estranheza nos tomam ao vermos algo do cotidiano (um bule, uma peça de motor, uma forma qualquer) desde que apresentado diferentemente e em situação cênica. É o visível/concreto tocando o invisível, desconhecido. Essas experiências nos transformam e alguma coisa, aparentemente encoberta, ressurge. Será a essência das coisas? A parte do Divino?

O Sagrado. O Absoluto. O que significam? São, com certeza, realidades que não se identificam com a nossa natureza mais imediata, nem com o nosso cotidiano, mas que fazem parte da nossa essência. E como não dispomos de palavras apropriadas para expressar essas realidades, só através de conceitos abstratos chegamos a percebê-las. A arte abstrata – e coloco aí o teatro abstrato de formas, objetos, símbolos ou bonecos – expressa conceitos que, como diria

TRADIÇÃO E TEATRO

C. G. Jung, estão implícitos nos arquétipos do inconsciente coletivo da humanidade.

A tradição que importa é a tradição do homem. Tradição que volta e repete sempre o mesmo e velho tema da Ressurreição e Morte. Retorno ao Início.

Bibliografia

BROOK, Peter. *Ponto de Mudança*. Rio Janeiro, Civilização Brasileira, 1994.

ELIADE, Mircea. *Imagens e Símbolos*. São Paulo, Martins Fontes, 1991.

KIRBY, E. T. "The Mask, Abstract Theatre, Primitive and Modern". *Theatre Drama Review*, Sept., 1972.

MORENTE, José Julian. "La Marioneta, el Lenguage del Mite". *Malic*, n. 3, Inst. del Teatre de la Diputació de Barcelona.

ROSENFELD, Anatol. *O Teatro Épico*. São Paulo, Perspectiva, 1985.

A MÁSCARA

Máscara é o que transforma. Se bonecos, imagens e marionetes representam o homem, a máscara é a sua metamorfose. A máscara é sempre um disfarce, oculta e revela, simula.

Máscara e Magia

Porque a máscara está sempre associada ao teatro, aos ritos, à magia?

Teatro é alguma coisa que acontece num determinado momento e espaço, onde alguma coisa se move, se diz e se transforma, e, ao se transformar, modifica o ambiente e as pessoas nele envolvidas. Um ato teatral acontece quando o indivíduo que o executa se modifica e coloca uma outra personalidade em lugar da própria. É outro o seu tom de voz, é outra sua aparência. Trata e representa outra coisa que não a sua simples rotina. É o personagem. É quando o ho-

TEATRO DE ANIMAÇÃO

mem deixa de ser simplesmente o que é para aparentar ou simbolizar algo além de si próprio.

Teatro existe desde que o homem passou a sentir necessidade de sair de si, de se despersonalizar, de se disfarçar, de escapar do seu dia-a-dia para expressar uma realidade além. Essas experiências sempre ocorreram desde os primórdios da história. Nos rituais o homem se transformava em deus, em animal, em forças cósmicas, e com isso transformava seu ambiente. Para isso se utilizava, e se utiliza ainda, de máscaras. A máscara mostra alguma coisa mais do que simplesmente aquilo que aparenta. A máscara ritual encarna espíritos, por isso encerra em si forças. É uma transferência de energias. Tem o sentido de mutação.

É magia porque em sendo um objeto material, representa alguma coisa além da matéria mesma de que é feita. Liga uma realidade à outra, é por isso sagrada.

Mas, à medida que os rituais decaem, a máscara se dessacraliza. Continua porém a representar conceitos, idéias abstratas, pois trás em si a essência das coisas, a essência do personagem ou de uma situação. Nunca perde seu caráter de mistério. Sempre intriga.

No Oriente, a máscara aparece ligada à dança que, por sua vez, era ligada ao teatro ritual.

No Ocidente está presente na origem do teatro grego. Durante toda a Idade Média surge nas manifestações de teatro popular. Já com o pensamento racionalista, a máscara é afastada do teatro europeu, e, nos últimos três séculos, torna-se simples adorno. Mas retorna, no início deste nosso século, por influência da arte africana e pela *descoberta* do teatro oriental – principalmente do teatro Nô – por artistas e intelectuais europeus. Torna-se parte da cena simbolista e

A MÁSCARA

das experimentações futuristas. Toma força com os expressionistas.

Nas últimas décadas passou a ser usada também como instrumento de treinamento do ator.

A Máscara e o Ator

A máscara é um instrumento fundamental para o treinamento de qualquer ator. Principalmente para o ator que pretende se expressar através de personagens inanimados.

Para isso existem etapas a serem seguidas. A primeira etapa é o treinamento com a máscara neutra. Máscara neutra é uma máscara sem expressão, branca, ou de cor indefinida. Através dela o ator começa a se perceber.

A máscara neutra é o oposto da individualidade. E para o ator é importante aprender a abandonar sua própria individualidade. Despojado de si, o ator permite deixar-se penetrar pelo personagem. O estado neutro é portanto um estágio anterior ao indivíduo. É o ser antes de qualquer definição. Ponto zero que antecede a ação.

O momento neutro, porém, é um momento fugaz, assim que a máscara recebe algum estímulo exterior, imediatamente sua neutralidade cessa. Ao emergir do estado neutro, a máscara reage sem pré-conceitos. Desprevenida, age como se percebesse o mundo pela primeira vez.

O ponto zero, ou ponto neutro, é a pausa antes do agir. É o momento de escuta, momento em que o ator se energiza.

Trabalhar em máscara neutra leva o ator a perceber as nuances entre o seu estado-matéria (estar), o seu estado-orgânico (ser), seu estado-animal (sentir) e o estado-racional (analisar, deduzir).

TEATRO DE ANIMAÇÃO

A etapa seguinte é o treinamento com máscaras expressivas.

As máscaras expressivas representam tipos, personagens com gestual próprio e em situações determinadas. Começa aí a percepção de outros personagens – a contracena.

O treinamento com máscara leva à conscientização do corpo, tornando o ator mais sensível aos estímulos físicos que o cercam.

Se a função do teatro é transformar – ligar um realidade à outra – a máscara é o instrumento ideal para isso.

Bibliografia

ASLAN, Odette (org.). "Du rite au jeu masqué", *Le Masque. Du rites au Théâtre.* Paris, CNRS, 1985.

BABLET, Denis. "D'Edward Gordon Craig au Bauhaus", *in* ASLAN, Odette. *Le Masque. Du Rite au Théâtre.* Paris, CNRS, 1985.

ELDREDGE, Sears A. & HUSTON, Hollis W. *Actor training in the neutral mask.* Theatre. Drama Review. T. 80. Dec. 1978.

LECOQ, Jacques. "Rôle du masque dans la formation de l'acteur", *in* ASLAN, Odette. *Le Masque. Du rites au Théâtre.* Paris, CNRS, 1985.

_____. "Le Jeu du Masque", *Le Théâtre du Geste.* Paris, Bordas, 1987.

O BONECO NA MIRA DO FUTURO: CONSIDERAÇÕES SOBRE A FORMAÇÃO PROFISSIONAL DO BONEQUEIRO

O Passado

Quando se fala em futuro, a primeira imagem que nos vem à mente é a de um motorista que para seguir viagem na estrada precisa manter os olhos fixos no espelho retrovisor, atento a tudo que percebe existir atrás de si, mas atento também ao caminho que tem pela frente – sem deixar de perceber, ao mesmo tempo, o seu espaço próprio, mais próximo.

Fazer conjeturas sobre o futuro nos faz refletir sobre o momento presente, e começamos então a perceber a antiguidade de tudo que se pretende novo.

O que é o boneco? Que conceitos temos dele? E sejam quais forem, de onde vêm esses conceitos? Com essas perguntas nos voltamos para o período romântico.

De acordo com os românticos, o pensamento tem a capacidade de se concretizar através de palavras[1].

---

1. B. Boie, em seu livro *L'Homme et ses Simulacres*, cita Novalis, poeta romântico alemão, para quem as imagens criadas pelas palavras podem ser imagens deformadas ou poéticas. As imagens deformadas são aquelas que

TEATRO DE ANIMAÇÃO

Pensar é falar. E a passagem entre o pensamento e a palavra é mínima, pois, para se concretizar o pensamento se utiliza da palavra. Podemos até dizer que a palavra é o corpo do pensamento. E a palavra, por sua vez, cria, quase que instantaneamente, imagens. Incorpóreas a princípio, mas que tendem a se corporificar rapidamente em formas visíveis.

Portanto a trajetória que temos é esta: pensamento, palavra, imagem, objeto. E surge a relação: pensamento e objeto; ou, conteúdo e forma; espírito e matéria.

Acho importante colocar estas questões pois se o passado explica o momento presente, o presente prepara o futuro.

Um marco importante entre o Romantismo e o Modernismo foi o espetáculo *Ubu Rei*, de Alfred Jarry, apresentado exatamente na virada do século XIX para o XX.

Jarry achava que o teatro deveria atingir um outro nível da existência, um nível de realidade que fosse além do nosso cotidiano. Para isso ele apresentava a realidade em estado de desintegração, e o homem, através de deformações. E, entre caricatura e poesia, Jarry abalou a ordem vigente.

Edward Gordon Craig também buscava o teatro ideal que, segundo ele, deveria ser um teatro abstrato. Para isso se deveria colocar, em lugar do ator, "o homem em grande cerimônia", ou seja, o boneco[2].

Craig anteviu o dia em que o ator seria "substituído por uma sombra, um reflexo, uma projeção de formas simbólicas, um ser com a desenvoltura de um ser vivo, sem ser no entanto vivo"[3].

refletem o nosso cotidiano racional e as imagens poéticas são as que refletem a essência, a verdade.

2. E. G. Craig, *M. Maeterlinck*. Menu propos. *Apud* Aslan, *Le Masque*, p. 140.

3. E. G. Craig, *op. cit.*

O Boneco na Mira do Futuro...

Suas idéias coincidem com as de Maeterlinck para quem a obra de arte "é um símbolo e como todo símbolo não suporta a presença ativa do homem"[4].

Essas conceituações nos levam ao boneco. Mas qual é, afinal, o seu sentido? O que se pretende representar com ele? O homem liberado de suas condições físicas?

Enquanto objeto material o boneco se refere a nossa realidade, reproduz o nosso cotidiano. Mas, por sua rigidez, por sua imagem inerte ele nos remete a algo que vai além do nosso dia-a-dia, além da vida. Ao encararmos um boneco (e quanto mais realista ele for mais isso acontece) sentimos uma espécie de estranheza. Entre o grotesco e o poético, o boneco nos leva a reflexões sobre a nossa materialidade, nos faz conscientes da precariedade do nosso corpo. Provoca sentimentos estranhos.

Seguindo a trajetória dos movimentos artísticos do nosso século, vemos que o discurso da modernidade vai se tornando cada vez mais claro com o movimento futurista. O Futurismo defendia a idéia de que só podemos perceber o universo que nos rodeia através das nossas sensações corpóreas. E para isso deveríamos ficar sempre muito mais atentos às nossas próprias experiências pessoais do que ao nosso intelecto. Os "puros", para Marinetti, eram aqueles "lavados de qualquer sujeira da lógica"[5]. E, em lugar da lógica, Marinetti colocava a matéria. A matéria captada pela intuição. Mas, dizia ele, deveríamos tomar cuidado para não emprestarmos sentimentos humanos à ela, mas "deveríamos adivinhar os seus impulsos, sua força de compressão, dilatação, coesão, desagregação"[6].

4. M. Maeterlinck. Menu propos. *Apud* Aslan, *Le Masque*, p. 139.
5. F. T. Marinetti, *apud* Annateresa Fabris, *Futurismo*, p. 66.
6. F. T. Marinetti, "Manifesto Técnico da Literatura Futurista", em *O Futurismo Italiano*, organizado por Bernardini, p. 84.

TEATRO DE ANIMAÇÃO

No pensamento moderno, a matéria toma uma importância nunca antes percebida. Perde sua categoria de coisa desprezível para adquirir um grau mais elevado.

Artaud dizia que "o espírito só se libera depois de passar por todos os canais da matéria"[7]. E, "é só através da pele que a metafísica chega ao espírito"[8].

O Surrealismo foi entre todos os movimentos modernistas o que mais deu ao objeto uma posição nobre, de destaque, conferindo-lhe a categoria de arte.

O Expressionismo também se apóia na forma, apresentando idéias abstratas e situações psicológicas comunicadas através de imagens, mais do que através de conceitos intelectuais.

Na arte contemporânea a presença física do artista é importante. A *body art* considera o corpo como um reflexo do mundo interior e exterior do homem. E na *performance*, mais do que o corpo treinado de um ator, importa a sua presença espontânea.

O Presente – Características da Contemporaneidade

Essas são algumas características que talvez nos ajudem a entender o sentido de certas manifestações artísticas em nossos dias, onde está inserido o teatro de animação.

Analisando outros aspectos da nossa época notamos que existe uma avalanche de acontecimentos, uma multiplicidade de informações, que provocam dentro de nós uma pluralidade de pontos de vista. Esses acontecimentos nos chegam todos os dias, em nossas próprias casas, pela TV, através de

7. A. Artaud, *O Teatro e seu Duplo*, p. 126.
8. *Idem*.

imagens, cada vez mais perfeitas, quase corpóreas. Estamos acostumados a ver o mundo reduzido, sintetizado, em imagens cada vez mais rápidas. Mesmo vivendo em continentes distantes, acabamos por nos sentir próximos uns dos outros. Por outro lado essa "proximidade" fictícia desperta em nós a necessidade de nos tornarmos presenças reais. É como se vivêssemos num constante confronto do corpóreo e do incorpóreo. E quanto à complexidade de acontecimentos e à multiplicidade de elementos díspares que nos rodeiam, procuramos replicar com a síntese. Por isso a maneira de nos expressarmos é cada vez mais reduzida. Nas artes plásticas, como no teatro, as imagens são cada vez mais condensadas.

O ser humano é cada vez mais representado por figuras inanimadas, o que talvez expresse o anseio de poder estender o nosso corpo, um prolongamento obtido através de elementos físicos. E essa representação material, por sua vez, produz um outro tipo de fluxo energético.

Enfim, seja por herança do Romantismo, ou não, a modernidade está impregnada da estética da matéria. É o mundo dos simulacros: manequins, máscaras, bonecos, formas, objetos.

E num mundo assim colocado podemos perceber a importância de artistas que se expressam através de figuras e objetos animados.

Sobre a Formação Profissional do Bonequeiro

E que formação têm esses artistas, os bonequeiros, misto de ator, diretor, cenógrafo, artista plástico e dramaturgo?

Já vai longe o tempo em que a formação de um marionetista se dava de pai para filho, dentro de grupos muito

TEATRO DE ANIMAÇÃO

fechados; ou de mestre para seus eleitos, dentro das grandes escolas ou tradições, como em Java, Japão, ou entre os artistas populares.

Entre nós, no Brasil como em outros países com vivências semelhantes, o aprendizado se dá através de cursos que eventualmente surgem, quase sempre por iniciativas particulares, já que institutos ou centros especializados são, entre nós, quase inexistentes.

A formação de um bonequeiro brasileiro acontece, em sua maioria, de forma empírica. Muitas vezes a partir de estímulos que se criam no contato palco e platéia, ou através de um trabalho autodidata com experimentações pessoais onde prevalece a lei da tentativa e erro. E mesmo que aumentem as possibilidades de cursos e oficinas particulares ainda assim vemos muitas vantagens nos cursos que possam ser oferecidos através das universidades.

Sobre as universidades do Brasil, em 1990, foi organizado um Encontro Nacional de Teatro de Animação Vinculado à Universidade. Nessa ocasião pudemos ter uma visão geral da nossa situação. Estiveram presentes dez universidades, representando os mais distantes pontos do país. E chegou-se à conclusão que:

> No quadro geral da universidade brasileira, o Teatro de Animação ainda ocupa um lugar acanhado e pouco expressivo, constituindo-se, na maioria das vezes, um fato fortuito, quase sempre fruto de iniciativas isoladas, marcando sua presença de modo descontínuo e insatisfatório[9].

A maioria dos cursos de teatro de bonecos das universidades brasileiras está ligada à Licenciatura, com exceção da

9. *I Encontro Nacional de Teatro de Animação Vinculado à Universidade*, São Paulo, Ed. Part., 1992, p. 14.

O Boneco na Mira do Futuro...

Universidade de Minas Gerais onde o teatro de bonecos é oferecido como matéria optativa, com a duração de um semestre, no curso de Bacharelado do Departamento de Artes Plásticas.

Na Universidade de São Paulo, na Escola de Comunicações e Artes, o Teatro de Animação é uma disciplina oferecida dentro do Departamento de Artes Cênicas, o que nos parece o lugar mais adequado para estar. No momento, é uma disciplina oferecida para todas as Habilitações, com uma duração de dois semestres apenas. Mas existe, em andamento, um projeto para criação da Habilitação em Teatro de Animação, dentro do Curso de Bacharelado. Em um ou dois anos esse programa já deverá estar implantado. Quanto ao Curso de Pós-Graduação, desde 1990 existe uma programação para Teatro de Animação e as primeiras pesquisas já estão sendo apresentadas – tanto como mestrado quanto doutorado.

Considero fundamental a experiência de uma universidade para a formação de qualquer artista, porque, além de conferir-lhe uma profissão específica, a universidade abre outras perspectivas, quer pelo acesso que oferece a pesquisas, no momento em que estão sendo realizadas, como pela possibilidade de intercâmbio com outros departamentos afins, como cinema, artes plásticas, música, vídeo, TV. Além do contato com outras áreas do conhecimento, indispensável a qualquer artista.

Como sabemos, a universidade atua em três áreas fundamentais: *Pesquisa, Ensino* e *Extensão à Comunidade.*

A *pesquisa* está ligada à pós-graduação e é desenvolvida tanto pelos docentes como pelos alunos. *A posteriori*, a pesquisa se reverte para o *ensino*, enriquecendo-o.

TEATRO DE ANIMAÇÃO

O *ensino*, ou seja a graduação, é antes de tudo uma transmissão de conhecimentos, e tem um objetivo pragmático de formar profissionais para o mercado de trabalho.

Vemos que grandes modificações estão por ocorrer (e em algumas universidades já estão ocorrendo) por causa da informática.

Na universidade do futuro a informática vai ter cada vez mais um papel predominante. Muitas das atividades que hoje são realizadas por professores serão substituídas pela máquina. Diz-se que a função do professor – em algumas áreas mais, em outras áreas menos – será a de treinar os alunos a usarem as máquinas para com isso obterem informações que antes lhes eram pessoalmente repassadas. Não que o professor possa ser totalmente substituído. Na área artística então isso jamais poderá ocorrer, pelas lacunas que se seguem às informações recebidas. Lacunas só preenchíveis pela presença atuante do professor e energia que se estabelece num trabalho prático de equipe. Um professor não confere talentos mas pode desenvolver criatividades latentes, adormecidas.

As consultas aos livros feitas através de computadores, as videotecas ou o uso de sofisticados equipamentos (a iluminação de teatro, por exemplo) será cada vez mais fundamental. Mas temos que considerar esses meios apenas como suportes de outras atividades mais complexas. E com atividades complexas queremos nos referir às oficinas experimentais, uma atividade quase sempre extracurricular. Espera-se que, num futuro próximo, elas sejam englobadas e reconhecidas como programação oficial. Mas há ainda muita luta a ser travada para se modificar estruturas universitárias ainda demasiadamente teóricas, e que, no momento, acontecem paralelas a uma prática demasiadamente deficitária.

Nas áreas artísticas o que se busca é o desenvolvimento da criatividade. E para isso é necessário experimentar. Em teatro, como na arte em geral, o que importa é o fazer, permeado do saber, mas fazer. Fazer para reciclar. E sob esse ponto de vista a função do *ensino* se mescla com essa outra função da universidade que é a da sua *extensão à comunidade*. Pois, pela ampliação das atividades práticas teremos, no caso do teatro, um produto, ou seja, os espetáculos, que serão, logicamente, apresentados à sociedade. Estabelecendo-se aí uma relação, com um número infindável de possíveis atividades, dela decorrentes. E nessa relação universidade/comunidade, podemos chegar à meta principal da educação e da arte: provocar transformações, tanto a nível pessoal como social.

Como propôs Jarry, há um século atrás, é preciso desintegrar para modificar, seja através da crítica grotesca e caricata, seja através do fantástico poético.

E retornamos à imagem do motorista que continua em sua viagem na estrada, dividindo sua atenção entre o que vê refletido no espelho do seu retrovisor, o caminho que tem pela frente, o seu espaço mais próximo e o espaço distante. Uma paisagem que se alterna entre o corpóreo, tangível, e o incorpóreo, refletido sobre o espelho.

Bibliografia

ARTAUD, A. *O Teatro e seu Duplo*. São Paulo, Max Limonad, 1985.
ASLAN, Odette (org.). *Le Masque*. Paris, CNRS, 1985.

TEATRO DE ANIMAÇÃO

BERNARDINI, A. F. (org.) *O Futurismo Italiano*. São Paulo, Perspectiva, 1985.

BOIE, B. *L'Homme et ses Simulacres*. Paris, Corti, 1979.

FABRIS, Annateresa. *Futurismo: Uma Poética da Modernidade*. São Paulo, Perspectiva, 1987.

LYOTARD, J. F. *O Pós-Moderno*. Rio de Janeiro, José Olympio, 1986.

II

EXPERIMENTAÇÕES POSTAS EM CENA

O Objeto: do Sensorial ao Místico

Nosso primeiro contato com o objeto é sempre físico, é sensorial. Isto é, o objeto é percebido tal qual é: prático, funcional. Mas, à medida que nos detemos, e o observamos sob outros ângulos, ele passa a adquirir outros sentidos.

Sem nenhum outro propósito que a observação do objeto como tal, e suas possíveis transposições para o teatro de animação, decidimos fazer uma pesquisa[1]. Com o desenrolar desse trabalho, porém, nos defrontamos numa outra dimensão, inesperada e sutil.

O Sensorial

A primeira etapa foi a escolha dos objetos, e conseqüente classificação: objetos naturais (galhos, folhas, ovos, pe-

1. Essa pesquisa foi desenvolvida num curso de Extensão Universitária, no Departamento de Artes Cênicas da ECA/USP, intitulado "O Objeto e a Luz". Três dos seis participantes eram da área de teatro, e os outros três,

TEATRO DE ANIMAÇÃO

dras) foram trabalhados com terra, água ou fogo; objetos funcionais; objetos em des-uso (sucatas de todo tipo); representativos (figura humana ou animal); brinquedos; miniaturas; objetos simbólicos (cruz, bandeira, pão, dinheiro); objetos pessoais, afetivos, ligados à memória da infância, ao passado, ou presentes no dia-a-dia.

A segunda etapa foi a observação do objeto em suas funções, em suas qualidades físicas, mecânicas, ou em seus valores sociais e culturais. Além da sua função original (função para qual cada objeto é especificamente criado) procurou-se descobrir outras funções que poderiam lhe ser atribuídas. As qualidades físicas (forma, peso, textura e possibilidade de movimentos) foram acuradamente consideradas. E, no que se refere aos valores sociais e culturais, um determinado tipo de arma ou ferramenta, uma imagem, ou as cores de um vestuário, assumem diferentes conotações, em diferentes grupos sociais.

Os objetos despertam em nós emoções, seja por sua cor, forma, ou função, seja por relações criadas em nossa memória, ou pelo que representam dentro de nossa cultura.

A terceira etapa da oficina consistiu na elaboração de uma proposta de transformar os objetos. Percebeu-se que, em se transferindo o seu centro de equilíbrio, imediatamente sua função se modifica. Também pode-se provocar transformações em seu aspecto físico, visual, associando-o a outros objetos, ou acrescentando-lhe outros elementos, camuflando-o. Cada objeto tem um *habitat* próprio no qual se encaixa naturalmente. Nesta etapa da experiência procuramos dar-

da área de artes plásticas: Beto Costa, Virginia Costabile, Sinézio Félix, Pedro Bresciane, Regina Pessoa e José Pinto Filho. Criação musical de Wanderley Martins (Unicamp).

O Objeto: do Sensorial ao Místico

lhe um ambiente novo. Novo e exclusivo: um canto da sala, ou de um jardim, uma cadeira, uma gaveta, uma caixa. Transferido de seu ambiente natural para outro *habitat*, não parece mais o mesmo. Se embrulhado em papel, como presente, vira enigma – ao se abrir o pacote, num lento ritual, o objeto emerge de seu invólucro com um halo de mistério. De dentro dele alguma coisa salta. Não reflexo nosso, mas dele mesmo. Cada vez mais estranho, é como se não pertencesse mais ao seu mundo, e tão pouco ao mundo real. Valorizado e isolado, ganha em ilusão. Assim "emoldurado", o objeto está pronto para o enquadramento cênico.

Na quarta etapa trabalhou-se o objeto no palco. Aí começou a receber seus primeiros movimentos.

Os movimentos podem ser aleatórios, mecânicos ou intencionais. Aleatórios são movimentos acidentais – por exemplo, o movimento dos *móbiles*. Mecanizados são os acionados por sua própria estrutura. Já os movimentos intencionais são os impulsos recebidos pela vontade consciente do ator que, somado à sua carga emocional, dão a impressão de que o objeto vive e move-se intencionalmente. Esses movimentos criam a ilusão de ser ele um ente animado, racional.

Neste ponto da experiência percebeu-se que o movimento, em si mesmo, irradia uma energia que lhe é própria, uma energia que hipnotiza e impregna o ambiente a sua volta.

A quinta etapa foram experimentações com luz: luz doméstica, luz fria, luz negra, velas, lanternas à pilha e *spots* de alta potência. Foram colocados focos sobre objetos estáticos e também sobre objetos em movimento. Num primeiro instante tivemos luz-fixa incidindo sobre objetos em movimento, e depois luz-móvel sobre objetos estáticos.

TEATRO DE ANIMAÇÃO

Além da energia já contida na cor e na forma, ou proveniente da estrutura material de um objeto, e além ainda da energia liberada pelo próprio movimento, outra energia agora se somava: a das vibrações dos focos luminosos. Sob a luz, os objetos, mesmo estáticos, pareciam mover-se. E se o foco de luz era intencionalmente dirigido, os objetos adquiriam qualidades dramáticas.

Chegamos à nossa etapa final: a ação dramática.

Nesse ponto surgiu no grupo uma polêmica, depois levantada também pelo público: teatro ou artes plásticas? Teatro, sim. Mas teatro com uma dramaturgia diferente. Uma dramaturgia que visava despertar emoções mais do que narrar racionalmente uma história, que visava perturbar e transformar pela forma, pela ação e pelo ritmo.

Depois desse laboratório, seguido de um longo período de ensaios, chegamos às apresentações. Assim resultou o espetáculo "A Coisa – Vibrações – Luz do Objeto-Imagem"[2]. Na experiência com o público percebemos que cada expectador criava o seu próprio roteiro. Uma mesma cena era diferentemente interpretada: efígies no deserto, um mergulho no fundo do mar, o cavalo de Tróia, o pente da avó, ou simplesmente um polvo. Sempre o onírico.

Os objetos usados em cena variavam: caixinhas de papelão, lápis de cor, sucata do motor de um carro, canudos de plástico amarrados com arame ou partes de um chuveiro.

2. O espetáculo ficou em cartaz no MAC – Ibirapuera, no Teatro Crowne Plaza, no Auditório da Secretaria de Cultura do Estado de São Paulo; tendo participado também do Festival Internacional da Associação Brasileira de Teatro de Bonecos, em Nova Friburgo, 1989, e do Festival Internacional de Teatro de Bonecos do Teerã, no Irã, 1990.

A Coisa – Vibrações-Luz do Objeto-Imagem. Criação coletiva. Direção de Ana Maria Amaral.

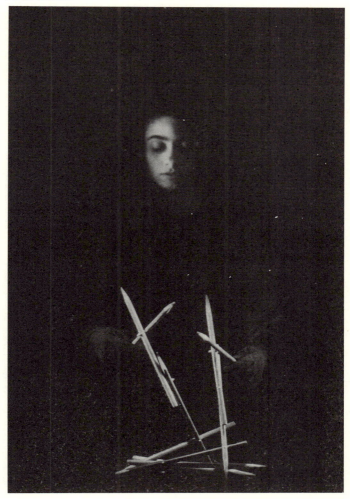

Foto: Arquivo da Autora.

TEATRO DE ANIMAÇÃO

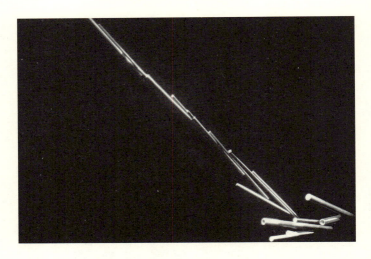

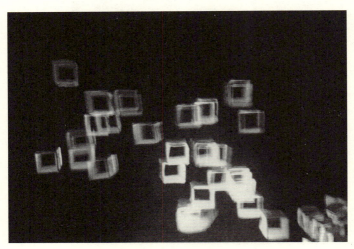

Fotos: Nadia Abduch

O OBJETO: DO SENSORIAL AO MÍSTICO

O Místico

Esse laboratório nos mostrou que o objeto, quando isolado de seu contexto natural ou de suas funções originais, práticas, só por isso, já fica estranho. E, quando em cena, recebendo outras energias como a luz e os impulsos (racionais e emotivos) do ator – o objeto como que perde a sua aparente contingência e adquire outros valores, mais absolutos. Essa experiência nos levou a refletir sobre a relação que se estabelece entre o material e o espiritual, durante o processo de animação de figuras e bonecos. Começamos a entender o porquê da magia, sempre tão presente nesse tipo de teatro.

Magia. O que é magia? Magia é uma forma especial de energia que surge quando duas realidades opostas se fundem. É o que acontece quando no Teatro de Animação o inanimado ganha vida, e o concreto parece impregnado de espírito.

A dança é também uma forma de magia. Como o boneco, sempre esteve ligada aos rituais mágicos.

A relação entre a dança e a animação de objetos está no movimento. E o movimento? O que tem movimento a ver com magia? Observa-se que sempre que alguém, ou alguma coisa, se move, estabelece um relacionamento com o mundo exterior. Qualquer gesto, por mínimo que seja, provoca uma ligação com o ambiente. Quando se repete movimentos rítmicos com as mãos, dedos, pés, imediatamente algo se conecta, como se movimento e ritmo nos remetessem para um mesmo e único centro. Não é à toa que em dança, instintivamente, os corpos se movem em círculo como se buscassem um mesmo centro.

Todo movimento acontece a partir de um eixo. Todo corpo tem um ponto central que impulsiona os seus movimen-

85

TEATRO DE ANIMAÇÃO

tos, assim como tem partes, ou membros. Também no objeto existe sempre um eixo, que é o seu ponto de equilíbrio, de onde emana sua expressão principal, assim como existem partes que o conectam com o exterior. Por isso ao se manipular um objeto é preciso perceber e distinguir a sua parte central das suas partes laterais ou externas. Assim também o ator, antes de animar um objeto, deve primeiro perceber em si mesmo a sua parte central, racional e emotiva, e distingüi-la de seus membros: pernas, braços, mãos, dedos, criando um paralelo entre o seu próprio eixo e o eixo do objeto, ou entre os seus membros e as partes do objeto a ser animado.

Hubert Japelle, em seu artigo, "L'Interpretation du Mouvement", observa que "o movimento estabelece uma conexão direta com a nossa atividade psíquica". Ou, "o objeto parece vivo porque parece pensar, e parece pensar quando parece estar decidindo por si mesmo"[3].

O homem primitivo acreditava que no interior de todas as coisas, mesmo as inanimadas, existiam seres vivos, animados, que provocavam o fenômeno da vida. Esses seres seriam o nosso duplo, ou equivaleriam à nossa concepção de alma. Habitavam dentro de cada homem, animal ou coisa, garantindo sua existência, e podiam dele se ausentar, temporária ou permanentemente. Sua ausência permanente seria a morte. Ausências temporárias podiam acontecer, sem causar-lhe mal. Saíam ou entravam no corpo através dos orifícios do nariz, boca, ouvidos[4].

3. H. Japelle, "L'Interpretation du Mouvement", *Théâtre Public,* Sept., 1980.
4. James Frazer, em seu livro *The Golden Bough*, cita vários exemplos de comunidades que mantêm essa crença, por isso cuidavam de fechar a boca, os olhos e ouvidos dos moribundos para que sua alma permanecesse nele algum tempo mais, ou para que não perturbasse as pessoas à sua volta.

O Objeto: do Sensorial ao Místico

Através destas crenças vemos que o conceito de alma está ligado ao conceito de energia. E sendo energia a ligação da matéria com o espírito, a concepção de energia se confunde com nossa concepção de alma.

Interessante lembrar aqui o conceito de vida e morte no Candomblé, tal como foi observado por J. Elbein dos Santos na tribo Nagô[5].

Para os Nagô, os mortos são energias transmudadas. A morte é simplesmente a interrupção de uma forma de vida, que se transfere. Segundo eles, a energia dos antepassados nos penetram na medida em que são materialmente representados. No Candomblé, os Orixás são forças da natureza. Cada Orixá tem seu assento, ou representação material. Pode ser uma vasilha ou uma pequena casa, onde são colocados os objetos que simbolizam a sua natureza. Tudo tem axé. Axé é uma energia ou força que faz com que os objetos fiquem carregados e assim "funcionem". Em maior ou menor grau tudo tem axé. O axé pode ser transmitido de uma pessoa a outra, de um objeto a outro, ou ainda, dos objetos às pessoas. Esse processo ocorre durante os rituais. O axé é uma energia intermediária entre os homens e os Orixás. Existe axé principalmente no sangue, no sêmen, na saliva, na seiva. A força da palavra, ou dos sons, vem da sua proximidade com o hálito e a saliva humana. Os sons são um poderoso veículo de axé.

Outra concepção de energia vemos nos gregos.

Para os hilozoístas da Escola de Mileto, a matéria era considerada um corpo vivo. Não havia distinção entre espírito e matéria. Tudo era dotado de vida, portanto de espiritualidade.

5. J. Elbein dos Santos, *Os Nagô e a Morte,* Petrópolis, Vozes, 1986.

TEATRO DE ANIMAÇÃO

Para Heráclito o mundo era um perpétuo movimento. Ele percebia uma inter-ação cíclica e dinâmica entre os opostos, que compunham assim uma unidade. O rompimento dessa unidade veio com a separação do espírito e da matéria, dos deuses e dos homens, ou à medida que se desenvolveu o pensamento racionalista ocidental. A visão da unidade de Heráclito coincide com o pensamento oriental, segundo o qual o mundo é visto como uma unidade orgânica, em perpétua mutação. Essa posição foi retomada agora pela física moderna.

Fritjof Capra, em seu livro *O Tao da Física*, diz: "Movimento e mutação são propriedades essenciais das coisas. As forças geradoras de movimento não são exteriores aos objetos mas são uma propriedade intrínseca da matéria"[6]. Massa e matéria são formas de energia, um objeto em repouso é uma energia armazenada. A relação entre massa, matéria e espírito acontece na mesma freqüência da velocidade da luz. A energia vem em forma de partículas ou em forma de ondas. O aspecto sólido da matéria é uma conseqüência dessas ondas, originadas na própria matéria. E quanto maior o seu confinamento, isto é, quanto menor e mais condensada a matéria no espaço, maior é a sua energia ou o seu movimento. Tem razão Françoise Gründ quando diz que o boneco tem muita energia por ser uma reprodução, em escala reduzida, do homem, provocando com isso uma espécie de energia cristalizada[7].

Para a física moderna os corpos não são sólidos. A matéria não existe, o que existe são espaços vazios entre si, com um movimento de partículas em velocidade tal que assumem aspecto sólido.

6. F. Capra, *O Tao da Física,* São Paulo, Cultrix, 1983.
7. "Rencontre avec Françoise Gründ", *Marionnettes*, n. 2, 1984, p. 21.

O Objeto: do Sensorial ao Místico

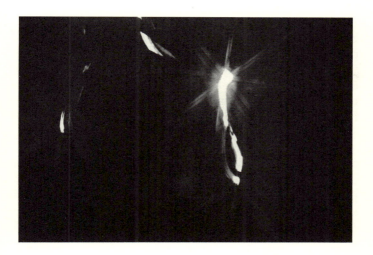

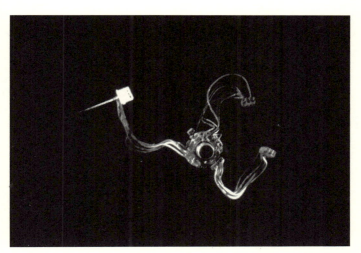

Fotos: Nadia Abduch

TEATRO DE ANIMAÇÃO

Lembro também o depoimento dado pelos integrantes do grupo Mummenschanz, ao discorrerem sobre os seus processos na criação de seus espetáculos: "o movimento torna manifesto alguma coisa que parece existir dentro de um determinado material ou forma"[8]. É como se fluidos cósmicos penetrassem os objetos e fossem assim transmitidos, quer pelo movimento, quer pela matéria[9].

Se Teatro de Objetos é movimento, imagem, forma, situa-se no domínio dos signos e dos símbolos. Os símbolos podem ser encontrados tanto nos objetos naturais como nos objetos fabricados pelo homem. Os símbolos manifestam-se principalmente em formas abstratas. Disse De Chirico:

> Todo objeto tem dois aspectos. O aspecto comum, que é o que em geral vemos e os outros também vêem, e o aspecto fantasmagórico ou metafísico, que só uns raros indivíduos, nos seus momentos de clarividência e meditação, vêem. A obra de arte deve expressar esse algo mais, que não se vê em forma visível[10].

Para Carl G. Jung, os símbolos são manifestações dos arquétipos. E, de acordo com Jung, os arquétipos são núcleos energéticos condensados e captados durante milhões e milhões de décadas no inconsciente coletivo, ou individual, dos homens. Eles possuem uma carga que se manifesta coletiva ou individualmente, por uma atração magnética do consciente humano. Em outras palavras: a consciência humana tem uma carga energética e quando essa carga toca um arquétipo, essa força é imediatamente transferida para algu-

8. M. Bührer, *Mummenschanz,* Paris, Favre, 1984.

9. Mummenschanz é um grupo de teatro, ítalo-suíço, que combina mímica, dança, artes plásticas e teatro de animação.

10. *Apud* A. Jaffe, "O Simbolismo nas Artes Plásticas", em C. G. Jung *et allii, O Homem e seus Símbolos,* Rio de Janeiro, Nova Fronteira, 1984.

O Objeto: do Sensorial ao Místico

ma região psíquica do homem onde o arquétipo é reconhecido; e quando um arquétipo é tocado pela consciência, imediatamente esse arquétipo se manifesta, recebendo uma forma. É assim que surgem os símbolos. Símbolo, portanto, é uma fusão entre o mundo visível e o mundo invisível. Em si, o arquétipo é imperceptível, in-observável, ele só se torna perceptível e observável através dos símbolos, ou seja, na medida em que recebe uma forma concreta.

Um objeto concreto, por si mesmo, já é composto por milhares e milhares de partículas. E quando posto em movimento, essas partículas se aceleram; se colocado ainda sob efeitos da luz, as suas partículas assumem uma velocidade tal que se desintegram. Assim, no Teatro de Objetos ao se dar vida à matéria inanimada, em cena, é como se o processo da Criação se repetisse diante dos nossos olhos ou daqueles que se dispõem a ver.

Bibliografia

BAUDRILLARD, Jean. *Le Systeme des Objets*. Paris, Gallimard, 1968.

BÜHRER, Michel. *Mummenschanz*. Paris, Favre, 1984.

CAPRA, Fritjof. *O Tao da Física*. São Paulo, Cultrix, 1983.

ELBEIN DOS SANTOS, J. *Os Nagô e a Morte*. Petrópolis, Vozes, 1986.

FRAZER, James G. *The Golden Bough*. Abridged ed. New York, MacMillan, 1963.

JAFFE, A. "O Simbolismo nas Artes Plásticas", em JUNG, C. G. *et allii. O Homem e seus Símbolos*, Rio de Janeiro, Nova Fronteira, 1984.

JAPELLE, Hubert. "L'Interpretation du Mouvement". *Théâtre Public*, Sept., 1980.

LARMINAT, Max-Henri de. *Objets en Dérive*. Paris, Centre G. Pompidou, 1984.

UMA EXPERIÊNCIA COM FORMAS: PROCESSOS PARA CONCEPÇÃO DE UM ROTEIRO

A Proposta

A experiência descrita no capítulo anterior com objetos resultou em cenas que despertavam no público a sensação de um deslumbramento diante das suas inesperadas formas e movimentos – sensação semelhante a de ver o mundo, ou as coisas, pela primeira vez. Nesse espetáculo nenhuma cena apresentava em si um enredo definido, mas histórias eram diferentemente criadas e recriadas pelo público. Assim a experiência do mundo exterior, através dos seus estímulos físicos, refletia-se no mundo interior.

A proposta a seguir foi a de buscar um caminho inverso. Isto é, a partir de estímulos criados por idéias ou por conceitos abstratos, procurar formas ou figuras concretas que expressassem tal conteúdo. A trajetória portanto seria, partindo do interior, buscar expressões através de símbolos concretos.

No primeiro caso, partindo-se do concreto, chegou-se ao sutil. Neste segundo caso, partindo de um tema, idéia ou evento, chegou-se a um espetáculo simbólico.

Teatro de Animação

Considerações sobre Babel

A história da Torre de Babel pertence ao Gênesis, livro da Bíblia que trata da origem da vida, da relação do homem com Deus e das relações dos homens entre si[1].

Babel representa uma fase da história do homem, o início de um período mais sedentário. À história de Babel na Bíblia segue-se a história da Arca de Noé. Depois do dilúvio as terras tornam-se mais férteis, e não havendo tanta necessidade de perambular em busca de caça, o homem assenta-se para cultivar a terra. Descobre também que, com a terra amolecida pelas águas, era possível construir tijolos, substituindo as pesadas pedras.

Babel é uma metáfora sobre a ação de construir.

Para realizar seu eterno sonho de subir, escalar, o homem precisa construir. E nesse seu ato de construir, em relação à natureza, percebe-se alguns paradoxos. Construir é pretender criar algo fixo, algo que permaneça. Um propósito contrário à evolução natural das coisas, pois no universo nada é permanente, rígido ou estável. Para construir o homem precisa também de bases firmes sobre as quais possa assentar as suas edificações, sendo a terra a sua base mais fundamental mas que em si mesma não é rígida. Serve-se também de estruturas – estacas e blocos retilíneos escolhidos ou criados por cálculos matemáticos. Ora, se na natureza não

---

1. Na Bíblia, Gênesis, cap. 11: "Tendo partido do Oriente encontraram uma planície [...] e habitaram nela. Disseram uns para os outros: Façamos tijolos, cozamo-los no fogo [...] façamos para nós uma cidade e uma torre cujo cimo chegue até o céu e tornemos célebre o nosso nome [...]. O Senhor desceu para ver a cidade e a torre [...] e disse: Desçamos e confundamos de tal sorte a sua linguagem que um não compreenda a voz do outro. Assim o Senhor os dispersou [...] e eles cessaram de edificar a cidade".

UMA EXPERIÊNCIA COM FORMAS...

existem linhas retas e as suas formas são sempre irregulares, curvilíneas e mutantes, conclui-se que construir é um ato racional do pensamento abstrato.

A construção de abrigos, casas, cidades é também uma manifestação da mente social do homem, pois além de representar um *modus vivendi* estável, representa a união de indivíduos, estabelecendo-se o poder do grupo com os seus inerentes sentimentos de competição; o que cada um pode melhor fazer e ser. Os desentendimentos que provocaram a queda da torre de Babel, segundo esta interpretação, não foram causados por problemas de comunicação apenas, mas representam também a prepotência e o poder de um grupo sobre outros ou a afirmação de facções dentro de uma mesma comunidade, o indivíduo colocando-se acima do coletivo; e principalmente representam o orgulho do homem em relação ao seu Criador, e a conseqüente cólera de Deus[2].

A queda de uma estrutura, seja ela causada por problemas de ruptura interna ou por razões externas (cataclismas da natureza), provoca o caos que, por sua vez, precede grandes transformações: início de novos ciclos.

O tema da Torre de Babel foi levantado num *workshop* de cenografia do Instituto Internacional da Marionete[3].

O tema foi apresentado, discutido e expresso através de palavras, gestos, desenhos, esculturas, todas as possibilidades através das quais pudesse ser depois teatralmente transformado. Após exaustiva troca de idéias entre os mais de vinte

---

2. No Tarô (Arcano XVI) – *A Torre da Destruição* tem o sentido de castigo por orgulho, queda, catástrofe. E, no baralho de Marselha, essa mesma carta vem atravessada por um raio, símbolo da energia divina ou de sua cólera.

3. O Instituto Internacional da Marionete está localizado em Charleville-Mézières, França, e oferece cursos, estágios e seminários. O *workshop* em questão, dirigido por Peter Matasek, do Teatro Drak da Checoslováquia, tratava da cenografia e dos espaços cênicos do teatro de animação.

Babel – Formas e Transformações. Direção e roteiro de Ana Maria Amaral. (Fotos: Caio Mattos).

Uma Experiência com Formas...

TEATRO DE ANIMAÇÃO

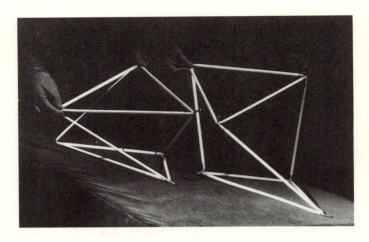

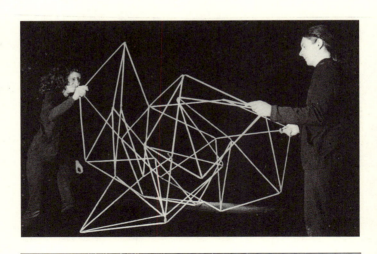

Uma Experiência com Formas...

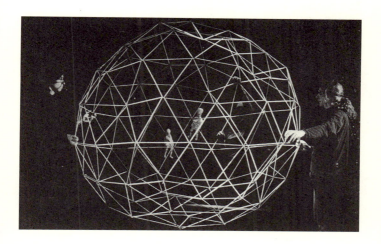

Teatro de Animação

UMA EXPERIÊNCIA COM FORMAS...

estagiários desse *workshop*, não se chegou a consenso algum[4]. Ficou então decidido que cada participante trabalharia individualmente em seu próprio projeto, preparando seu próprio roteiro.

Sob o meu ponto de vista, Babel representa uma metáfora da construção. E quando falamos em construção falamos de estruturas. Assim surgiu a concepção de um roteiro expresso através de formas geométricas. Por ser a construção uma conseqüência da capacidade racional do pensamento, é natural que esse tema, num espetáculo de teatro de animação, fosse expresso através da geometria, enfatizando assim a relação entre natureza e formas abstratas.

O Roteiro

O roteiro de *Babel – Formas e Transformações* começa com um prólogo ao qual se seguem dez quadros.

O prólogo trata do Gênesis, uma visão da origem do mundo.

A origem é uma energia, assim o espetáculo abre-se com um pequeno ponto luminoso projetado numa tela. Esse foco de luz brilhante cresce e, como uma bola de fogo, explode, multiplicando-se. A luz, sempre em movimento, amplia-se, contrai-se, provocando diferentes matizes de cor. O azul muda seus tons: ora é ar, transparente, ora se adensa e é água. Surge um elemento pastoso, a terra, sobre a qual microcélulas organizam-se. Partículas transformam-se em óvulos. De uma surgem duas, quatro, oito, em progressão sempre crescente. Apare-

---

4. Eram vinte e três alunos de quinze diferentes países, de diferentes realidades culturais e diferentes experiências profissionais, com oito idiomas de origem.

Teatro de Animação

cem assim os ovóides que fazem evoluções de formas até formarem os animalóides e, finalmente, os homúnculos.

No prólogo, que trata da origem do mundo, a linguagem técnica encontrada foi a do teatro de sombras, com silhuetas bidimensionais e diversificados efeitos de luz.

Nos quadros subseqüentes que mostram o mundo biologicamente organizado, com seres definidos, a linguagem usada são formas e bonecos tridimensionais.

As cenas desenrolam-se em dois planos que se alternam, ora o plano concreto, físico, ora o plano do raciocínio abstrato. No primeiro caso temos cenas de ação onde os protagonistas são dois pequenos bonecos; no segundo, as cenas são formas geométricas em movimento.

O primeiro quadro mostra o despertar do homem apresentado por dois homúnculos que observam e exploram o mundo à volta. Identificam-se com a natureza, encontrando nela elementos para criar as estruturas dos seus primeiros abrigos construídos com galhos e pedras. Também descobrem meios de alcançar o topo das árvores, amarrando-se a cipós. Para formar as estruturas desses seus abrigos os homúnculos percebem a utilidade de certos galhos em ângulos, assim como cuidadosamente escolhem determinadas pedras que possam manter-se em equilíbrio. À medida que, intuitivamente, vão descobrindo e utilizando-se de certos princípios, organizam um trabalho de construção mais racional.

A primeira torre tem estruturas triangulares. É destruída por elementos externos (raios e tempestades). A segunda torre é construída de cubos, aparentemente mais estáveis mas que também desabam, por problemas internos (competição). Depois de sua queda, os cubos, espalhados em caos pelo chão, tomam vida e movimentam-se. Assim os homúnculos descobrem o eixo do círculo, daí surgindo uma varie-

UMA EXPERIÊNCIA COM FORMAS...

dade de formas hexagonais. A terceira torre é a metamorfose de um cubo-octaedro que se transforma num dodecaedro-pentagonal, uma espécie de teia geométrica, que depois evolui para uma forma circular.

As cenas com as formas geométricas representam o raciocínio e são apresentadas como um jogo lúdico, visualmente muito plástico. Varetas de madeira – pequenas, grandes e médias – são manipuladas por atores em fraccionados movimentos. Linhas verticais e horizontais flutuam e ao colidirem, formam ângulos. Os ângulos, por sua vez, formam figuras: triângulos, tetraedros, quadrados, cubos e círculos.

Certas imagens são apresentadas por suas conotações simbólicas. Por exemplo: cordas com nó representam ao mesmo tempo o plano do concreto e o plano do abstrato, pois se a corda é um elemento físico, o nó (equivalente a dois círculos) é o resultado de cálculos racionais. Também em algumas cenas temos movimentos corporais dos atores que, contracenando com varas, criam linhas que se tocam e se cruzam – ação, reação, resultado – formando assim dois triângulos e, com eles, um tetraedro.

No roteiro alternam-se momentos de harmonia e caos. À queda das torres segue-se o caos. E a cada colapso formas mais complexas vão surgindo e o visual torna-se cada vez mais rico.

A terceira e última torre é uma enorme forma geodésica que os homúnculos escalam do seu lado exterior como se quisessem ir além, em busca de novos espaços. Quando o mundo-torre desmorona ela cai em pedaços sobre os pequenos homúnculos, que aí permanecem aparentemente inertes.

Fim? Não. Depois de uma rápida pausa, a cena novamente se acende sobre dois atores subindo por uma teia ou cortina que fecha toda a boca de cena do palco. Essa teia é

TEATRO DE ANIMAÇÃO

uma rede tecida com as mesmas figuras geométricas da geodésica desfeita, como se fosse um seu detalhe ou enfoque
ampliado. Ator-homem, boneco-simulacro, a escalada continua[5].

O roteiro tem a seguinte seqüência:

Prólogo (Projeção de sombras)
Quadros (Atores, bonecos e formas):
O despertar – o homem e a natureza
O homem e a forma
Da forma à estrutura
Primeira torre
Evoluções das formas
Segunda torre
Evoluções das formas
Caos e harmonia
A terceira torre
A busca continua.

Processos Técnicos

O prólogo foi apresentado em projeção de sombras,
sendo a luz um símbolo de Deus, e as sombras, o mundo
refletido. Com sombras têm-se mais meios de lançar imagens em relação ao espaço, à cor, à densidade e transparên-

5. Este trabalho, iniciado no estágio de Cenografia do Instituto Internacional da Marionete, na França, em 1989, foi depois retomado em São
Paulo com subsídios do Programa Letras e Artes da Pró-Reitoria de Cultura da USP (1990-1991). Em 1992, com o apoio da FAPESP, foi montado
o espetáculo *Babel – Formas e Transformações*. Roteiro e concepção das formas de Ana Maria Amaral; no elenco: Rodrigo Garcia, Roberta Amador,
Helenise Alberto e Gerardo Bejarano; música criada por Wanderley Martins. O espetáculo foi apresentado no Centro Cultural São Paulo.

UMA EXPERIÊNCIA COM FORMAS...

cias, representação de microcélulas em movimento no ar ou em simulações de água. As imagens desenvolvem-se a partir de um ponto inicial. O ponto depois se amplia em círculos que se transformam em óvulos.

Os desenhos foram feitos em papel vegetal, depois em acrílico. As formas ovóides foram recortadas em cartolina preta ou desenhadas em transparências e projetadas em retroprojeção.

As cenas tridimensionais com bonecos e formas foram bem mais complicadas de serem resolvidas. Precisava-se ter em cena um tipo de material com o qual pequenos bonecos pudessem simular estar construindo no ato torres que depois de erguidas pudessem ser desmontadas. Procurou-se, no início, trabalhar com canudinhos de plástico (por dentro deles, um fio) que formassem figuras e que dessem a ilusão de estarem elas sendo montadas e desmontadas em cena. Mas as torres de canudinhos não se mantinham equilibradas. Passou-se então a trabalhar com varetas de madeira que também apresentavam problemas porque, se muito frágeis, rompiam-se facilmente, se resistentes, eram pesadas demais. Foi feita uma longa pesquisa até que se encontrou um tipo de madeira, leve, resistente e de uma determinada espessura. As varetas eram presas umas às outras com elásticos que possibilitavam seu movimento e controle. Resolvido esse problema técnico, as formas das torres foram sendo criadas a partir de um jogo lúdico, de forma empírica e sem nenhuma pesquisa. No simples manuseio de formas chegou-se ao óbvio: dois triângulos formam uma figura estável, o tetraedro; um cubo em movimento ressalta seu eixo que, somado ao eixo de outro cubo, forma um hexágono, que por sua vez leva ao círculo.

TEATRO DE ANIMAÇÃO

Numa brincadeira com pontos e linhas, formas e ângulos, pode-se vislumbrar a perfeição que existe no cosmos. Através das formas geométricas pode-se intuir a lógica do universo, pois o que ultrapassa nossa capacidade racional pode nos chegar pela intuição.

Deslumbramentos

Um primeiro deslumbramento aconteceu durante o processo de pesquisa para esse roteiro, despertado pelas idéias de R. Buckminster Füller e sua teoria sobre a Sinergética. A Sinergética é a teoria que trata de um sistema composto por triângulos e tetraedros[6]. Toda figura geométrica é um sistema. O tetraedro (um *quantum*) é o menor sistema possível. Se um tetraedro é o menor sistema, o universo é o maior de todos os sistemas que conhecemos. O universo divide-se em vários sistemas que se inter-relacionam e seguem todos os mesmos princípios.

Existe uma ordem cósmica implícita em todas as formas da natureza, tanto nas estruturas microbiológicas como nas estruturas de plantas, flores ou frutas. O branco das bolhas de espumas do mar ou a luz refratada dos cristais, o gomo das laranjas e o pistilo das flores, o desenvolvimento dos brotos das samambaias, a forma das colméias, a estrutura óssea das asas de um morcego, em todas essas formas nas quais a vida se manifesta, existe a mesma lei matemática que usa sempre grupos ou conjuntos emparelhados de ângulos[7].

6. Energia é o que emana de um objeto isolado. Sinergia trata do comportamento energético de um sistema.

7. R. B. Füller, *Synergetics,* Nova York, MacMillan, 1975, pp. 22-26.

UMA EXPERIÊNCIA COM FORMAS...

O homem é também um sistema. Pensar é um sistema. O pensamento e o conhecimento, segundo R. B. Füller, organizam-se como as formas da natureza, isto é, de acordo com as mesmas leis. Assim a vida. A vida é um fato presente que acontece por reação ao passado, com resultantes no futuro. Segue o mesmo princípio da formação de um triângulo: ação, reação, resultado. E se um evento é igual a um triângulo, dois eventos em direções contrárias (negativo + positivo) dão origem ao conflito. E ainda: dois triângulos formam um tetraedro e dois tetraedros em oposição dentro de um cubo são a energia de um átomo.

Outro deslumbramento deu-se quando as dúvidas que antes intrigavam – os paradoxos entre natureza e ciência, assimetria e descontinuidade *versus* ângulos e linhas retilíneas – se dissiparam diante de uma nova geometria. Disse James Gleick a respeito das idéias de Benoit Mandelbrot:

> A nova geometria espelha um universo que é irregular e não redondo; áspero e não liso. É uma geometria das reentrâncias, depressões, do que é fragmentado, torcido, emaranhado e entrelaçado [...] As reentrâncias e os emaranhados são mais do que imperfeições deformantes das formas clássicas da geometria euclidiana. São, muitas vezes, as chaves para a essência das coisas[8].

As formas curvas existem pela distorção dos ângulos, provocando irregularidades na natureza. Tudo pode ser medido e fraccionado: objetos e movimentos. Em cada movimento existe um ângulo. E a beleza da natureza está no sentido irregular de suas formas: nuvens, galhos, ondas sobre a areia. Existe nas formas em movimento um sentido, um discurso físico e metafísico. E não precisamos ter delas uma compreensão racional, elas nos penetram e intuitiva-

8. J. Gleick, *Caos,* Rio de Janeiro, Campus, 1990.

mente captamos os seus significados. Observar a natureza ou um espetáculo de formas abstratas é entrar em contato com alguma coisa que nos ultrapassa. Fatos aparentemente sem importância possuem um sentido profundo.

O caos pode ser um elemento de desordem mas é também por onde as formas se transformam. É no rompimento das suas estruturas que o homem caminha[9].

Conclusão

No roteiro de *Babel – Formas e Transformações* há um plano concreto, ou físico, e um plano abstrato, ou metafísico. E num espetáculo de teatro de animação esses dois planos podem ser apropriadamente muito bem colocados. Concretos e físicos são os elementos inanimados de que se serve, bonecos e objetos. Abstratas são as formas, como abstrato e metafísico[10] é o ato de animar e colocar em cena o que existe mas não se vê: vida.

Bibliografia

FÜLLER, R. Buckminster. "Um Novo Conceito de Estrutura". *Panorama da Arquitetura*, s.d.

———— . *Synergetics; Explorations in the Geometry of Thinking*, NovaYork, MacMillan, 1975.

9. Caos em grego significa: vão, passagem. Não foi portanto sem razão que nesse roteiro a queda das torres precedem sempre novas transformações das formas.

10. O termo metafísica é aqui usado no sentido dado por R. B. Füller. Ver R. B. Füller, *Synergetics*, p. 83.

UMA EXPERIÊNCIA COM FORMAS...

GLEICK, James. *Caos, a Criação de uma Nova Ciência.* Rio de Janeiro, Campus, 1990.

LOTUFO, Victo Amaral. *Geodésicas e Cia.* São Paulo, Projetos Editores Associados, s.d.

MALHAS, Escalas, Rastros e Dobras na Obra de Peter Eisenman. São Paulo, MASP, 1993.

MANDELBROT, Benoit. *The Fractal Geometry of Nature.* New York, Freeman, 1977.

O INCORPÓREO EM CENA

A Sombra e o Teatro Gioco Vita

O Teatro Gioco Vita foi fundado em 1970 como um grupo de teatro de animação, voltado para escolas, expressando-se através de bonecos de vara, luvas ou marionetes. A partir de 1976, depois de um encontro com o teatro de sombras de Jean-Pierre Lescot, num Festival de Charleville-Mézières, o Teatro Gioco Vita passou a se dedicar exclusivamente a pesquisas com sombras. O resultado dessas experimentações provocou uma verdadeira revolução no teatro de sombras contemporâneo, tornando-se o mais importante grupo, tanto em espetáculos para adultos como para crianças[1].

---

1. O Teatro Gioco Vita tem sede em Piacenza, Itália, e como espaço ocupa o Teatro San Matteo, um centro de cultura aberto também a outras manifestações artísticas, ligadas à sua linguagem teatral. Possui hoje uma equipe permanente de 32 artistas e técnicos: além de eventuais participantes, artistas de renome, convidados para projetos especiais.
Atualmente, o Teatro Gioco Vita, entre espetáculos para adultos, crianças ou platéias mistas, possui em seu repertório: *O Pássaro de Fogo*, de

TEATRO DE ANIMAÇÃO

Partindo do teatro de sombras tradicional europeu, no qual a projeção das sombras acontece sempre em telas fixas, com luz também fixa, o Teatro Gioco Vita rompeu todos os limites de convenção. Em seus espetáculos, a luz varia sempre, seja em relação ao espaço (também variável), seja em relação às qualidades técnicas dos focos de luz. As telas ou telões de projeção passaram a ser também móveis e com dimensões sempre surpreendentes. Atenção especial foi dada às sempre mutantes relações entre o corpo do ator-manipulador, o boneco/objeto, e as suas respectivas sombras.

Trabalhar com a sombra é trabalhar com o que de mais sutil e incorpóreo existe.

A sombra é o reflexo de um corpo ou de um objeto. E a diferença entre o corpo/objeto e sua sombra é que esse corpo/objeto tem concretude e perenidade, ainda que relativas; a sombra, não.

Na natureza a sombra muda constantemente. Existe em função de uma luz, que flui, ou em função de um tempo que passa. Trabalhar com sombras, na natureza, é como tentar prender o tempo, ou controlar figuras incorpóreas. A sombra aí está sempre à mercê de elementos estranhos a ela.

No teatro a situação é diferente porque a luz artificial pode ser controlada, e a sombra pode tornar-se objeto de investigações artísticas. Mas, apesar disso, e apesar dos avanços tecnológicos – com luz de vela, de gás, neon, elétrica ou

Igor Stravinski (1994/95). *Pescetopococcodrillo*, baseado num conto de Leon Lionni (1985/95); *A Odisséia*, de Homero (1983/95); *Peter Pan* (1994/95).

Entre muitas outras produções destacam-se grandes sucessos como: *Gilgamesh* (1982); *La Boite à Joujoux*, de Debussy (1982); *Quebranozes*, de Tchaikowski (1989); *O Corpo Sutil* – uma *performance* (1989); *Orlando Furioso*, adaptado da obra de L. Ariosto (1991).

O INCORPÓREO EM CENA

laser – a fragilidade da sombra continua. Nessa sua fragilidade está a sua essência. E qual é essa essência?

A sombra é a parte imaterial da matéria.

Nos primórdios, o conceito de sombra estava ligado à alma. A sombra era vista como reflexo da parte vital do homem.

A alma de um corpo material manifesta-se em sua sombra, como também em seus reflexos sobre a água, no espelho, em fotos.

Pode ser vista também como o *duplo*. O nosso *duplo*, ou o nosso aspecto sombrio, desconhecido.

Duplo, simples reflexo, alma, qualquer que sejam os conceitos que temos de sombra, uma coisa é clara: a sombra, em si, não existe. A sombra apenas remete. É sempre relativa a um objeto ou corpo. É subalterna. Fala de alguma coisa exterior a ela.

Sob o ponto de vista cênico existem alguns aspectos que precisam ser diferenciados.

Há, por exemplo, uma diferença fundamental entre o se fazer sombras no teatro e o se fazer um teatro de sombras. Fazer teatro de sombras, para o Teatro Gioco Vita, é dar credibilidade teatral à sombra.

No teatro de sombras pode-se, às vezes, representar o duplo de um personagem, mas isso só às vezes. Teatro de sombras é aquele em que um corpo é anulado em função de sua sombra, tomada como tal. Mas não se pretende fazer com ela nenhuma relação com o corpo que a emite. Cria-se assim um *mundo de sombras* e não um mundo de bonecos, atores ou homens.

Outra diferença é a que existe entre o teatro de sombras e o teatro de bonecos. Um bom teatro de sombras é aquele que nos remete e nos prende à sombra propriamente dita e não à figura, boneco/objeto, ou ao ator-manipulador que a origina. A especificidade desse teatro está na sombra projetada pela figura do boneco e não na figura do boneco em si.

Todo teatro deve ser coerente com os elementos que apresenta. E seja qual for o instrumento de expressão que se opte por usar, deve-se sempre refletir sobre essa linguagem. Refletir não é teorizar, refletir é apenas tentar compreender a essência daquilo que se pretende fazer. Seja essa uma reflexão estética ou ética.

A sombra é bela. Mas ao vermos os efeitos infinitos que uma sombra é capaz de nos oferecer, surge uma questão, "Tem o belo um fim em si? Ao explorarmos apenas, ou em demasia, os efeitos mágicos e belos das sombras, estamos fazendo teatro?" Essa pergunta, colocada por Fabrizio Montechi, um dos diretores do Teatro Gioco Vita, continua, "a constatação do belo, será isso teatro?"

O que é o belo, o maravilhoso? O belo pelo belo, o maravilhoso pelo maravilhoso, em teatro, pode ser um meio do caminho. A cenografia não tem um fim em si, ela é relativa ao conjunto: drama, texto, interpretação, manipulação, ritmo etc. Teatro é transformação, mas transformação que desperte questionamentos.

Usar sombras no teatro? Ou fazer teatro de sombras? Distinguir entre um e outro, refletir sobre o que se está fazendo, esse é um ponto fundamental. Ser ético no teatro é ser responsável pelo material que se tem nas mãos. É preciso ter respeito pelo instrumento de expressão que se está empregando. Não tratá-lo nunca superficialmente.

O teatro de sombras, indiscutivelmente, tem uma poética própria que precisa ser refletida, respeitada. Descobre-se

O INCORPÓREO EM CENA

assim a sua linguagem. E o Teatro Gioco Vita, em suas contínuas reflexões sobre a técnica, a vai desvendando.

O teatro de sombras, em si, é uma experiência artística e cultural restrita a um tipo específico de teatro. E no nosso aqui e agora, ocidental, não existe nada mais estranho à nossa cultura do que a cultura da sombra.

Portanto a opção de trabalho feita pelo Teatro Gioco Vita é a opção por uma área marginal da arte. Consciente disso, o grupo aceita o desafio.

Com isso a história do teatro de sombras dividiu-se em dois momentos: momento 1. Teatro de Sombras Tradicional, anterior ao Teatro Gioco Vita; momento 2. Teatro de Sombras como Linguagem, a partir do Teatro Gioco Vita.

Os Objetivos de uma Oficina

A reflexão teórica é importante, principalmente porque não temos, nós do Ocidente, uma tradição em teatro de sombras. Mas é preciso atenção para não se cair no vazio do discurso intelectual. A construção de uma linguagem se faz através de experimentações técnicas e práticas. Claro que é impossível assimilar uma técnica sem uma experiência prática.

Quase sempre, o que se busca num curso, ou numa oficina de teatro de sombras, é o aprendizado de uma técnica. Mas na proposta de trabalho do Gioco Vita não existe nunca a intenção de se reproduzir técnicas tradicionais. Os seus dirigentes partem do princípio de que teatro de sombras não é uma técnica, mas é uma forma de teatro, um gênero. O importante portanto é investigar os conteúdos dessa linguagem.

115

TEATRO DE ANIMAÇÃO

Gioco Vita não propõe, em suas oficinas, ensinar técnicas. Mesmo porque toda técnica é sempre relativa aos conteúdos que se pretende expressar[2].

Para o Gioco Vita, não existem certezas, nem métodos fechados, além do fato de cada oficina ser um grupo diferente, portanto com expressões e buscas diferentes.

Se a flexibilidade é o ponto de partida das oficinas dirigidas pelo Teatro Gioco Vita, o seu objetivo final é a dúvida. Depois de um intenso período de trabalho é importante que permaneçam no ar as incertezas geradas durante o processo. À cada busca e à cada nova descoberta surgem novos questionamentos. Aí reside a riqueza da experiência – quando a busca individual começa.

O método Gioco Vita ao mesmo tempo que coloca diretrizes, imediatamente as põe em cheque, instigando pesquisas posteriores.

Dentro de uma mesma linguagem específica, é preciso buscar expressões próprias, implícitas nos diferentes contextos.

A sombra

Os primeiros exercícios da oficina foram exercícios de concentração sobre a própria sombra. Foi uma experiência estranha pois verificou-se que essa sombra variava constantemente de forma e tamanho.

2. Em agosto de 1995, o Centro Latino-Americano de Teatro de Bonecos, juntamente com a FUNARTE e a Associação Brasileira de Teatro de Bonecos, promoveram uma Oficina do Teatro de Gioco Vita, dirigida por Fabrizio Montecchi, Franco Quartieri e Antonella Enrieto. Essa oficina foi realizada na Aldeia de Arcozelo, no Rio de Janeiro, tendo dela participado doze profissionais da área de teatro de animação, tanto do Brasil como de outros países da América Latina.

116

O INCORPÓREO EM CENA

Da observação da sombra do próprio corpo, a atenção passou a ser a sombra dos outros, essa também sempre variável.

Assim, através desses exercícios, verificou-se o quanto a sombra é relativa. Relativa ao espaço, à intensidade da luz e relativa à distância que separa o corpo do foco luminoso. E ainda que o corpo ou objeto emissor da sombra permanecesse o mesmo, na mesma posição e forma, em se variando a distância do foco de luz, a sombra alterava-se completamente.

Volátil, a sombra não existe em si.

A Luz Natural e a Luz Artificial

Os exercícios seguintes foram ao ar livre, com luz natural. Na natureza, a sombra é ainda mais frágil. A luz aí está totalmente à mercê do tempo, que muda constantemente; e à mercê de elementos, como vento, nuvens, água. Por exemplo, a sombra das árvores, galhos, pessoas, ou prédios, é sempre relativa a um determinado e curto momento. As nuvens passam e encobrem o foco-sol. E sobre elas, isto é, sobre as nuvens, não temos domínio algum. Assim também, as sombras, quando projetadas na água, movem-se continuamente. As silhuetas de galhos e folhas tocadas pelo vento, modificam-se com ele.

Na natureza, um corpo, mesmo inerte, reflete sombras sempre mutáveis. E, com elas, esse corpo adquire movimentos que na realidade não tem.

No teatro a luz é artificial. Teatro é artifício e uma sombra é simples representação. Aí começa o trabalho teatral propriamente, nele a relação de uma pessoa com sua sombra é outra, muda. Não se trata mais de tomar consciência da

Teatro de Animação

Oficina Gioco Vita, Aldeia de Arcozelo, Rio de Janeiro. (Fotos: Arquivo de Ana Maria Amaral.)

O Incorpóreo em Cena

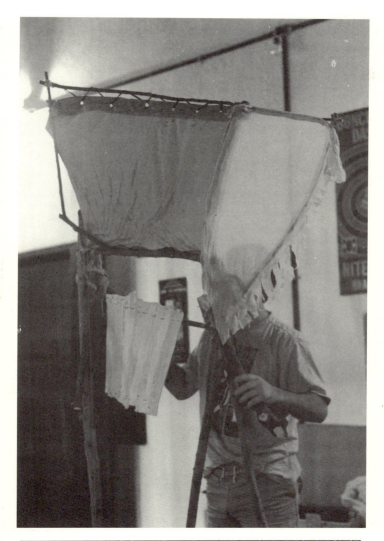

119

Teatro de Animação

Espetáculo *Pescetopococcodrillo*. Baseado em conto de Leon Lionni. Produção do Teatro Gioco Vita. (Fotos: Arquivo de Ana Maria Amaral.)

O Incorpóreo em Cena

Teatro de Animação

própria sombra, mas ela passa a ser uma imagem que pertence também aos outros. Expressa o coletivo, é um elemento simbólico.

Síntese, movimento e tempo

Nos exercícios em palco os detalhes não importam. O que se busca é apenas a síntese.

Observou-se que o tempo de uma sombra é muito mais veloz do que o movimento do corpo em si. Há uma diferença enorme entre o movimento de um objeto e o movimento de sua sombra. Por isso os movimentos de uma silhueta a ser projetada devem ser precisos e econômicos.

E, quando se tem um corpo inerte, sob luz artificial fixa, esse corpo projeta uma sombra também inerte. Mas, se a luz se move, imediatamente, ela cria um movimento que esse corpo não tem.

Esse é um dos efeitos mais mágicos que o teatro de sombra pode despertar.

O espaço

Existem dois espaços: o da claridade e o das trevas.

Para a sensibilização do espaço foram feitos exercícios em total escuridão. Na escuridão total a sensação de tempo muda. Tornamo-nos mais lentos e é difícil transpor qualquer espaço. Mas basta que surja um foco de luz, e, por pequeno que esse seja, o espaço imediatamente se modifica. Ora é vertical, ora é horizontal, apresenta-se em diferentes planos.

Focos de luz em plano baixo distorcem a figura, assim como a luz frontal nos dá uma imagem chapada. O es-

O Incorpóreo em Cena

paço, entre a luz e a figura projetada, determina também o tamanho da figura, sem nenhuma relação com a realidade.

Como vimos, tanto a *velocidade*, como o *movimento*, ou a *dimensão* das figuras, quando refletidas em sombras, não têm nada a ver com a realidade concreta dessas figuras.

A palavra

Nos exercícios, na claridade ou no escuro, sugeria-se sempre uma verbalização – seja através de simples sons, expressões de sensações momentâneas, ou o dar nome às figuras que iam surgindo. Seja o que for, o importante era usar a palavra para com ela manter um certo distanciamento e não se cair no psicológico e no pessoal. Fala-se sempre para alguém, externo a nós.

A palavra expressa a síntese de uma situação. Ela acrescenta ritmo à cena. Mas o seu excesso pode fazer com que a figura perca sua força. É preciso saber dosá-la.

A figura

A construção de uma figura é a primeira tentativa consciente de se representar concretamente uma idéia. É o primeiro passo para a abstração consciente. Depois de um processo de construção, quando já se tinha a figura pronta e essa era projetada, percebia-se que a sua silhueta, em sombra, não era nunca igual à figura real. Essa é então uma segunda abstração, a que surge independente da nossa consciência. É a abstração implícita na linguagem da sombra.

TEATRO DE ANIMAÇÃO

A tela

Exercícios de projeção foram feitos sobre o próprio corpo, sobre o corpo do outro, sobre pequenas telas, sobre telas grandes, usando-se o fundo de um palco ou as paredes externas de um prédio[3]. E, à medida que se modifica o espaço de projeção, ou à medida que se acrescentam movimentos ou outros elementos, como a intensidade da luz, percebe-se que, aos poucos, adentra-se em uma nova linguagem.

A tela em si não é o espaço teatral completo. E, para o Teatro Gioco Vita, quando começam as experimentações de passagem da silhueta, em si, para um espaço cênico mais amplo, é quando a concepção de um espetáculo propriamente começa. Para isso colaboram vários elementos: o espaço, diferentes dimensões das telas de projeção, diferentes posicionamentos de luz, justaposição de imagens, som, ritmo.

Nessa fase um roteiro começa a se configurar.

O roteiro

Qualquer que seja o tema, ou os temas anteriormente propostos por um grupo, numa oficina, esses só se concretizam quando se consegue dar a eles uma forma dramática. No caso de um trabalho com bonecos, ou objetos em terceira dimensão, isso só acontece quando os exercícios de sensibilização são feitos com esses bonecos ou objetos em questão

---

3. Cenas em pequenas telas são cenas fechadas, isto é, conclusivas em si. As cenas mais amplas, onde o espaço usado é um palco, ou quando se extrapola um palco, essas são consideradas cenas abertas.

O Incorpóreo em Cena

tão. E, no caso do teatro de sombras, só quando se tem em mãos as figuras, ou silhuetas, e se passa a experimentar a enorme gama de possibilidades de suas sombras (dentro de um espaço cênico amplo) é que um roteiro pode ser definido.

Neste ponto o processo da oficina muda.

Antes era o exercício pelo exercício, o jogo teatral. Agora, no delinear de um roteiro, é o processo dramático que se inicia.

E como resolver o impasse de se conseguir expressar um determinado tema proposto?

A oficina Gioco Vita, depois de ouvir uma enxurrada de temas sugeridos, simplesmente propôs a construção concreta de figuras, formas ou imagens que sintetizassem as idéias verbalmente apresentadas. A seleção deu-se por si.

O importante era estabelecer uma relação entre a forma (sombra) e o conteúdo ou linguagem teatral (ação).

O trabalho final de uma oficina deve refletir a força, a energia do seu processo. Nada mais que isso. Pretender ser literalmente fiel a um roteiro, literário ou racionalmente concebido, é impossível porque o ato teatral é ação, e nele, além das conceituações intelectuais que o possam preceder, interferem outros elementos técnicos e dinâmicos.

Para essa oficina o tema proposto foi *O Sentimento do Mundo*. O espetáculo foi uma soma de cenas individuais e corais. O grande problema eram as diferentes cenas, as alternâncias rítmicas entre entradas e saídas de cada uma delas, sempre mantendo o cuidado de não se perder a dimensão do todo. O ligar umas às outras é tarefa da direção.

Na apresentação final de uma oficina, é importante manter-se em cena os principais elementos que interferiram em seu processo.

TEATRO DE ANIMAÇÃO

A experiência continua

As dúvidas? Essas, cada um de nós, participantes, as guardamos e deveremos, diferentemente, respondê-las *a posteriori*, através de uma pesquisa individual, que continua.

Título	Teatro de Animação
Autora	Ana Maria Amaral
Produção	Ateliê Editorial
Projeto Gráfico	Ateliê Editorial
Capa	Silvana Biral
Foto da Capa	Nadia Abduch
Composição	Valéria Cristina Martins
Editoração Eletrônica	Vera Lúcia Belluzzo Bolognani
Revisão do Original	Ana Maria Amaral
Ilustração	Antonio Henrique Amaral
Formato	12 x 18 cm
Mancha	9 x 15 cm
Tipologia	Galliard
Papel de Miolo	Pólen Soft 80 g/m²
Papel de Capa	Cartão Supremo 250 g/m²
Número de Páginas	128
Fotolito	QuadriColor
Impressão	Lis Gráfica e Editora

Este livro foi impresso na
LIS GRÁFICA E EDITORA LTDA.
Rua Felicio Antonio Alves, 370 – Bonsucesso
CEP 07175-450 – Guarulhos – SP – Fax.: (11) 6436-1538
Fone. (11) 6436-1000 – e-mail: lisgrafica@lisgrafica.com.br